中国近代私立大学及其现代价值研究

刘福森　王淑娟　著

中国言实出版社

图书在版编目（CIP）数据

中国近代私立大学及其现代价值研究 / 刘福森, 王
淑娟著. -- 北京：中国言实出版社, 2021.2
　　ISBN 978-7-5171-3670-5

　　Ⅰ.①中… Ⅱ.①刘… ②王… Ⅲ.①私立大学—教
育史—中国—近代　Ⅳ.①G649.29

中国版本图书馆 CIP 数据核字(2021)第 000084 号

责任编辑　郭江妮
责任校对　代青霞

出版发行　中国言实出版社
　　　　地　　址：北京市朝阳区北苑路 180 号加利大厦 5 号楼 105 室
　　　　邮　　编：100101
　　　　编辑部：北京市海淀区花园路 6 号院 B 座 6 层
　　　　邮　　编：100088
　　　　电　　话：64924853（总编室）　64924716（发行部）
　　　　网　　址：www.zgyscbs.cn
　　　　E-mail：zgyscbs@263.net
经　　销　新华书店
印　　刷　北京市兴怀印刷厂
版　　次　2022 年 1 月第 1 版　　2022 年 1 月第 1 次印刷
规　　格　787 毫米×1092 毫米　　1/16　　11.25 印张
字　　数　221 千字
定　　价　59.00 元　　　　**ISBN** 978-7-5171-3670-5

前　言

　　我对民国私立大学的关注最早源于大学老师讲述的 1952 年 "院系调整"，我当时对民国时期复旦大学、燕京大学、圣约翰大学、南开大学、光华大学、大夏大学等大学的办学水准感到非常震撼。曾多次遐想，如果没有那次教育大变革，中国高等院校将会怎样？如果民国私立大学沿着当时的轨迹发展到现在，是否能够比肩耶鲁、哈佛？……当然，历史不可假设。20 世纪 80 年代，民办高校试水开办，是否与民国私立大学具有某种内在关联？是否可以理解成是原来发展轨迹的转化型发展？历史的重要作用之一，在于可为现实提供借鉴。对民国私立大学的研究，总结其利弊得失，可为当下民办高校的发展提供参考和借鉴。这也是更为重要的缘由。

　　在好奇心的驱使下，我查阅了很多史料和前人的研究成果，试着申请了几个课题，也发表了几篇拙文。虽然语言文字还很粗糙、理论素养还很不够、学术水平还需提高、研究思路尚需拓展，但这在一定程度上满足了笔者的好奇心，也勾起了进一步研究的兴趣。更重要的是，我在给学生讲课时，能将很多问题的历史渊源讲得更有条理，解释得更为清楚。我想，这就是大家常讲的 "科研促教学" 吧。在这个过程中，主要有四点感受：一是民国私立大学办学者和教职员工对国家的发展有不可磨灭的贡献；二是民国私立大学培养的学生为国家建设做出了重要的贡献；三是民国政府对私立大学的管理值得我们参考；四是民国私立大学的内部管理对当下民办高校具有借鉴意义。这是民国私立大学的独特魅力所在，也是我们需要进一步深入研究的价值所在。

　　民国作为中国历史的重要组成部分，在 1912—1949 年短暂的三十余年中，中国社会长期处于战乱状态。但在战争频仍背景下，私立高等教育却在相对狭小的空间中发展起来，进入了近代史上相对兴盛的时期。这得益于民国政府不仅重视私立高等教育的发展，而且采取许多积极措施予以保障和支持，促进了这一时期私立高等教育的快速发展，完善了教育体系，开创了中国近代私立高等教育发展的黄金时期，其间创立的许多私立高校特色鲜明，成为可比肩公立高校的著名学府。

本书草成，并不一定有多高的学术价值，仅是对过去几年学习的一点儿总结，也为纪念过往。在本书中，我们力求从理论与实践的结合上厘清与透视教育相关问题的实质和旨归，试图找到解决问题的策略和建议，为我国教育事业的发展尽绵薄之力。

第一章，绪论。主要谈本研究课题的研究现状和研究意义、研究目标、研究内容、拟突破的重难点和研究思路、研究方法。

第二章，近代私立高等教育发展的社会文化背景及发展历程。近代私立大学的创办者均以"教育救国"为己任，以"造就人才，以利国家"为宗旨，"教育救国"是我国近代私立高校产生和发展的基本出发点和最终追求目标。救亡图存是中国由传统社会向近代社会转轨的最主要的社会根源，昭示了近代中国私立高校"救时济世"的历史使命和"国家的发展目标大于个人的发展目标"的功利主义目的。近代意义的私立高等教育发端于清末，历经北洋政府时期、南京国民政府时期，新中国成立后归并到公立高校。纵观其发展，近代私立高等教育经历了萌生时期、初创时期、整顿时期、依附时期和衰亡时期，凸显了近代私立高等教育发展的艰难曲折。

第三章，近代私立高等教育政策演进。清末新政时期的私立高等教育政策（1901—1912）：当时的清政府并无大力发展私立高等教育的设想，对私立高等教育的发展基本上是放任的态度。北洋政府时期的私立高等教育政策（1912—1927）：北洋政府的一系列法规的颁布，表明政府开始全面介入私立高等教育领域。既反映了北洋政府对私立高等教育的重视，确立了鼓励、支持私立高等教育发展的基本原则；也体现了政府对私立高等教育进行控制、调整的决心，对私立高校的设立确定了基本的准入制度、对具体的运行也明确了规范和要求，初步形成了管控私立高等教育的政策体系。南京国民政府前期的私立高等教育政策（1927—1937）：南京国民政府在形式上确立对全国的统治后，在教育领域也进行全面的规范管理。战时南京国民政府的私立高等教育政策（1937—1946）：抗战时期，国库困窘，但政府依然对各私立大学从学校到教师、学生都给予了资助。虽然对各校分配的资助额度不均，总量不大，但在法律层面上，实现了公立高校与私立高校的平等对待。从另一个层面上讲，私立高校在这个时期，学生减少，经费入不敷出，也只能依赖政府的资助，从而得以延续发展，相应地，私立学校也要接受政府的各方面管控。私立高校肇始之时的民主、自由之风渐渐衰落。国民政府后期及中华人民共和国初期的私立高等教育政策（1946—1952）：国民政府颁布了《专科学校法》和《大学法》，除强调对私立高校的管控、规范外，与以前相比没有太大的变化。但连年战争，财政枯竭，私立高校的经费筹措更为艰难，有的无以为继；高校布局、专业设置等等，均没有很好的改观。第一次院系调整，建立了全新的高等教育体系，高校布局相对合理，工科教育彰显，得到长足的发展。当然，亦有弊端，比如将65所私立高校均改造成公办高校，改变了原来公办高校、私立高校、教会高校三足并立、竞争发展的格局，不利于高等教育系统的发展和完善，挫伤了民间办学的积极性，也增加了政府的财政负担。

第四章，近代私立高校内部治理体系研究。随着西学东渐，高度发达的美国高校董事会制度传入中国。民国政府建章立制，因势利导，使其嫁接于社会转型中的民国私立高校。民国政府在董事会的组成、职权、任期、会议，以及与校长的关系等方面移植、演进了美国高校董事会制度，并使其具有中国特色，显示了政府对董事会的强力控制。19世纪80年代以来，董事会制度在民办高校陆续重建。由于具体国情的调适和法律的不完备，民办高校董事会制度在运行中存在诸多问题。因此，着力优化董事会结构、规范董事会与校长的关系、设置监事会机构、厘定董事会与党委的关系就成为重构董事会制度的主要策略。

第五章，近代私立大学师资建设研究。民国私立大学师资管理不仅有聘任规范、薪酬体系、培训进修、民主治校等制度性规范，还有校长情怀、熟人或准熟人社会关系、派系、个人利益或政治因素等非制度性因素，同时具有公私并举的制度性安排、师资结构不够合理、师资队伍不够稳定、浓烈的人文关怀等特点。民国私立大学师资管理的经验教训对当下民办高校师资建设具有重要借鉴和启迪作用：注重法律法规建设，营造有利于民办高校健康发展的制度环境；加强师资队伍建设，解决制约民办高校发展的瓶颈；强化人文关怀，增强教师的归属感。

学术休假制度作为高校师资管理制度的重要组成部分，源于美国哈佛大学。民国政府颁布了相关学术管理规定，引领学术休假规范运行。以燕京大学、金陵大学、南开大学等为代表的民国私立大学积极探索，出台了相关规范，对政府政策进行细化、变通，以契合本校实际。民国私立大学学术休假制度的运行实践，对当下民办高校学术休假制度提供了借鉴。政府应从顶层设计、制度规范，学术为主、休假为辅，完善机制、规范运行，资金扶持、专款专用，综合改革、优化生态等方面予以推进，促进学术休假制度在民办高校落地生根。

第六章，近代私立高校教育经费的筹措。经费是关乎私立高校生存和发展的关键。受民国政策法令、经济金融和社会文化等因素的影响，私立高校通过社会捐款、学生缴费、政府资助、庚款补助等外源性资本和债券发行、资产运营、基金利息、租息、杂项收入等内源性资本筹集教育经费。民国私立高校教育经费筹措具有以下特点：基本形成多元筹资体系；政策法规相对健全；创办者或校长均是出色的"募捐专家"。多元化的经费筹措方式虽为近代私立高校的发展提供了资金支持，但同时也存在着诸多问题。其融资的经验教训，为当今民办高校拓宽筹资渠道具有重要的启迪和借鉴意义。政府层面：高屋建瓴，顶层设计；社会层面：加强宣传，培育意识；高校层面：资产运营，特色兴校。

第七章，近代私立高校经费筹措的个案分析。民国时期，围绕着庚款退赔，教育界与北洋政府展开了实业抑或兴学的博弈；在国民政府确立"庚款筑路，孳息兴学"的方针后，高等教育界内部对优先发展公立高等教育还是私立高等教育又展开了教育近代化的选择权之争。民国私立高校积极争取庚款，并取得了相应资助。但由于缺乏政府的强力支持、受庚款分配原则的限制以及"政治的或友谊的因素"的影响，私立高校谋求庚款异常艰难。经费关系到私立高校的生死存亡。私立大夏大学在战乱不已、经济凋敝的背景下，积极开拓，形成了学生缴费、政府补助、社会捐助和开源节流等多元化的融资格局。多元化的董事会构成模式、灵活的筹资策略和发掘学生会、校友会的融资潜能是大夏大学融资的重要特征。

第八章，历史与当下：从民国大学生结构性失业谈当今地方高校向应用型转型。20 世纪 30 年代，民国大学生存在着严重的结构性失业问题，主要源于学科比例不平衡、高校区域布局不合理、行业吸纳不均衡、知识能力不到位等。民国政府积极应对，减少文类招生数量，增加实类名额，大力整顿高等教育，取缔低劣高校，大力发展职业教育，设立就业培训机关。这对当今解决大学生就业难、破解省属高校向应用技术型大学转型具有重要的启迪作用。国家要注重顶层设计，建立科学的评价标准，加大投入，做好高校设置，推动考试招生制度改革。高校要突出服务地方。明确人才培养定位，政产学研用相结合，采取灵活多样的用人模式，产教融合、校企合作。社会亟须转变观念。整个社会都应参与到高校转型的大讨论中来，深刻认识转型的意义；企事业单位要破除盲目追求名校和高学历、忽视对毕业生实际技能考察的做法；家庭、个人要转变就业观念。

　　在本书的写作过程中，我们参考了国内外同行的有关研究资料，借鉴、引用了一些专家学者的研究成果，谨在此一并表示衷心感谢。

　　由于学力有限，书中如有不当之处和需要完善的地方，恳请专家学者和读者朋友指正。

著　者

目　　录

第一章 绪 论

第一节 本课题的研究现状和研究意义

一、研究现状

目前，虽然关于中国近代高等教育的研究成果斐然，但多集中于对民国公立大学的探索和研究，对私立大学的研究尚处于起步阶段，系统性不足。

既有的关于私立大学的研究，主要聚焦于教会大学，研究专著不断问世，已然成为学术界的研究热点，如岱峻著的《弦诵复骊歌——教会大学学人往事》（商务印书馆，2017 年版）、徐保安著的《教会大学与民族主义——以齐鲁大学学生群体为中心（1864—1937）》（南京大学出版社，2015 年版）、虞宁宁著《中国近代教会大学招生考试研究》（华中师范大学出版社，2016 年版）、孟雪梅著《近代中国教会大学图书馆研究》（国家图书馆出版社，2009 年版）等。此外，更多的是校史的撰写，比如王国平著的《东吴大学简史》（苏州大学出版社，2009 年版），熊月之、周武主编的《圣约翰大学史》（上海人民出版社，2007 年版），张宪文主编的《金陵大学史》（南京大学出版社，2002 年版），张丽萍著的《中西合治：华西协和大学》（巴蜀书社，2012 年版），等等。教会大学是中国近代私立大学的样板，对这一特殊大学的研究，有助于我们正确地看待西学东渐背景下，中国近代国人自办的私立大学的诞生与发展历程。

相对于教会大学较为充分全面的研究，近代国人自办的私立大学还没有引起人们足够的重视，以国人自办私立大学作为独立对象进行的研究很少，且系统性不强，多为零散的著述。专著以宋秋蓉博士的《近代中国私立大学研究》（天津人民出版社，2003 年版）最具有代表性。该书以转型社会与私立大学的相互关系作为切入点，视角独特，主要从近代私立大学的发展、政策、办学精神、社会功能、制约因素等方面进行了论述。克罗齐曾言："一切历史都是当代史。"其最可贵的思想在于历史研究要对历史负责，为现实服务，替未来着想。宋秋蓉博士的专著中关于中国近代私立大学的经验、教训对当今民办高校的借鉴意义论述较少，不能不说是一个遗憾。李国均的《中国教育制度通史》（山东教育出版社，2004年版）、毛礼锐的《中国教育制度通史》（山东教育出版社，2005年版）、金以林的《近代中国大学研究》（中央文献出版社，2000年版）中都有一定篇幅论及民国私立大学，但均非专题著述。

对近代著名大学校史的研究比较深入和系统的，如台北南京出版有限公司1982年出版的《学府纪闻》，其中有单卷本校史《私立大夏大学》《私立中华大学》等；另有南开大学校史研究室主编了一套《南开大学校史丛书》（南开大学出版社，2007年版），厦门大学档案馆、厦门大学校史研究室编的《厦门大学校史（1949—1991）》（厦门大学出版社，2006年版），复旦大学校史编写组所编的《复旦大学志》（复旦大学出版社，1985年版），等等。对于校史的编著，仅有一些有名望的私立大学才会组织，而一般的私立大学通常不组织编著；究其原因，一是知名度不够，二是档案资料不够丰富，三是对校史的编著不够重视抑或是时机不到。但是，对于研究者来说，唯有对一般大学的校史情况有大概的了解，才能更深切地透析近代私立大学的发展原貌。

近代著名大学校史研究主要论文有：宋秋蓉的相关论文（均收录在其著作《近代中国私立大学研究》一书中）、《关于中国近代私立高等学校的几点思考》（《北京大学教育评论》，2003，5）、《近代私立大学的地位与作用》（《江苏高教》，2003，2）、《私立非私有：民国初期私立大学内部职权体系研究》（《高等教育研究》，2011，11）、《民国时期私立大学内部治理结构的主要特征及其借鉴》（《国家教育行政学院学报》，2014，10），等等。

（1）目前，对近代私立大学的研究尚处于起步阶段，其中对民国私立大学教育经费来源的问题涉及更少。李国均的《中国教育制度通史》（山东教育出版社2004年版）和毛礼锐的《中国教育制度通史》（山东教育出版社2005年版）中虽都有一定篇幅论及民国教育经费问题，但对民国私立大学教育经费制度的论述却只有几段文字。最有代表性的著作是宋秋蓉的《近代中国私立大学研究》，其中第五章第二节从社会转型这一独特视角，对近代中国私立大学的融资与资产运作进行了论述，但多是宏观评论。其他主要论文有：《关于中国近代私立高等学校的几点思考》（《北京大学教育评论》，2003，5）、《近代私立大学的地位与作用》（《江苏高教》，2003，2）等。但专门探讨民国私立大学经费来源和教育事业发展状况的论著不多见，而且在资料运用和研究方法方面仍有较大的拓展空间。

（2）专著以宋秋蓉博士的《近代中国私立大学研究》（天津人民出版社，2003年版）最具有代表性，其以转型社会与私立大学的相互关系作为切入点，视角独特，但没有提及近代私立大学的师资管理，对中国近代私立大学的经验、教训以及对当今民办高校的借鉴意义论述较少，不能不说是一个遗憾。李国均《中国教育制度通史》（山东教育出版社，2004年版）、毛礼锐《中国教育制度通史》（山东教育出版社，2005年版）、金以林《近代中国大学研究》（中央文献出版社，2000年版）中对师资一笔带过，均非专题著述。

涉及民国私立大学师资管理的论文仅有如下3篇：郭凯、吴建征发表于《教育评论》2010年第6期上的《张伯苓与南开大学师资建设》，侧重点是研究张伯苓的师资管理教育思想；付方方的硕士论文《国民政府时期私立武昌中华大学师资管理问题》（2007年，华东师范大学）对私立武昌中华大学的师资建设进行了论述，第二章《制度魅力——尊才之精神》中，从尊重教师的知情权、参与权两方面简要介绍了师资管理的特点，并从民主治校的层面进行了特点分析，但在提到翻阅大量史料时，没有发现该校教师考核、进修、培训、学习等方面的记载；杜保源的硕士论文《私立复旦大学（1905—1941）内部管理制度研究》（2013年，华东师范大学）从教育史的角度，对师资发展探究、师资来源分析、师资结构管理三方面进行了论述。付方方和杜保源的硕士论文均是选取某一所私立大学进行的个案研究，针对性强。弊端是，一方面，因为呈现的是某一所私立大学的师资管理情形，所以不足以说明民国时期私立大学的整体概况；另一方面，个案的研究有时会出现史料不足的问题，对某一则史料的真伪无法确认，认识有失片面，结论未必正确，所以难以对师资建设情形进行全面、客观的认知。不能正确认识历史，自然也就不能"古为今用"，提不出对当下民办高校师资队伍建设有益的建议。

（3）国内外对我国民办高校（或称私立高校、民办学院）的研究算不上教育界的热点。当然，随着民办高等教育规模的日渐扩大，相关研究也在逐步深入发展和完善，但对我国民办高校董事会制度的研究非常缺乏，目前尚未发现专门论及这一问题的专著。论文方面，研究国外私立大学董事会，特别是美国董事会制度的较多，对我国大学董事会制度的研究成果主要集中在公立高校。当然，随着我国民办高校的发展，相关研究也在陆续展开。吴国萍、梁君在《高校独立学院董事会制度建设》中指出，高校独立学院董事会制度存在四个方面的缺失，并提出产权明晰是董事会制度建设的基础；张宏博在《从加拿大社区大学董事会运作模式看我国民办高校的校董分离》一文中指出校董合一是我国大多数民办高校的管理现状；付娇在其硕士论文《我国民办高校董事会问题研究》中分析了我国民办高校董事会制度存在的问题，提出应采用共同治理模式；杨炜长在《民办高校董事会与校长的委托代理问题》一文中，运用新制度经济学委托代理理论分析了民办高校董事会与校长之间的委托代理关系，提出确立校长职业化竞争机制是完善高校董事会与校长之间委托代理关系的重要途径。总之，对我国民办高校董事会宏观研究的多，微观研究的少；对比研究中，对借鉴与启示的描述较为简单，缺乏深层次的思考；缺乏专门的、系统性的民办高校董事会制度研究。前人研究的不足，正是未来研究的趋势，亦是本课题要重点关注的领域。

研究相关学术史可知，专门探讨民国私立大学的论著不多见，以近代私立大学为对象的研究论文亦有很多可以开拓的领域，比如对近代私立大学的教师群体的研究、校园文化研究、招生就业研究等等方面，而且在资料运用、研究方法的创新和洞察问题的视角等层面仍有较大的拓展空间。从具体研究来看，在现有的研究中，对近代私立大学的评价多是宏观评论，缺乏细微勾勒；静态的教育学研究居多，动态的历史学评价较少。如此粗线条的架构，使得近代私立大学的研究缺少丰富的、多层面的、纵向连贯、横向对比的研究格局。

二、研究意义

在近代中国高等教育史上，私立大学在数量上占据了半壁江山，在质量上也丝毫不逊色于公立大学，其对高等教育的近代化发挥了重要的作用，理应成为中国教育史研究的重要部分。然而，长期以来，学界对近代高等教育的研究多以公立大学为主体，对国人自办的私立大学的研究和关注不够。显然，这样的研究理论框架和研究体系是极不完整的，既不全面也不深入，很难呈现出近代高等教育的整体面貌。所以，加强对近代私立大学的研究是很有必要的。

20世纪80年代以来，特别是90年代以后，随着改革开放的深度推进，社会主义市场经济体制的进一步确立和完善，民办高等教育渐趋兴盛。民办教育事业属于公益性事业，是社会主义教育事业的组成部分。但由于起步晚，发展不足，民办高等教育还存在着各种各样的问题，诸如师资力量薄弱、内部管理体系不健全、校园文化建设不明显、招生就业特色不显著等等，这些限制了民办高校进一步的发展，使其陷入低质量发展的困局之中。

破解民办高校困境，除了借鉴国外私立大学的先进理念和成熟经验外，对中国近代私立大学进行研究和反思，剖析其利弊得失，亦不失为一种研究思路。提取、凝炼近代私立大学在校园文化建设、师资队伍聘任、特色化招生与就业等方面的经验，可为当今民办高校补足短板、提升质量提供重要的参考和借鉴。

（1）教育经费来源问题对教育事业的前途有至关重要的影响，如何科学合理地筹措教育经费，已经成为当下政府各职能部门和公众十分关注的问题。可见，研究这一课题不仅能让我们真实地了解这段历史，更重要的是我们可以从中借鉴积极有益的经验，吸取值得注意的教训，从而更好地推动当代民办高等教育事业的健康发展。

（2）在近代中国高等教育史上，私立大学在数量上占据了半壁江山，在质量上也丝毫不逊色于公立大学，对高等教育的近代化发挥了重要的作用。在一所大学的构成要素中，师资力量尤为关键，对私立大学来说，更是如此。民国私立大学的勃兴，与大家云集、名师汇聚密切相关。但是，对近代私立大学师资的研究不多，在既存的研究中，亦是对国立大学和教会大学师资的研究，以邓小林的博士论文《民国时期国立大学师资聘任之研究》和姚群民的《试论二三十年代南京高校教授的选聘及其特点——以中央大学、金陵大学为中心的考察》为代表。因此，从硬环境和软环境两个方面来研究近代私立大学的师资管理，有利于进一步开拓近代私立大学的研究领域。

20世纪80年代以来，特别是90年代以后，随着改革开放的深度推进，社会主义市场经济体制的进一步确立和完善，民办高等教育渐趋兴盛。相对于近代私立大学来说，当下民办高校发展环境更趋于稳定、开放、民主，但师资问题却成为其进一步提升的瓶颈，原因主要是兼职教师过多、流动性过大、师资结构不尽合理等，这引起了人们的不解与关注。近代私立大学和当今民办高校都属于国人自办的高等学校，在属性上亦有更多的相似性。这一课题不仅能让我们真实地了解这段历史，更重要的是我们可以从中借鉴积极有益的经验，吸取值得注意的教训，从而更好地推动当代民办高等教育事业的健康发展。研究近代私立大学的师资管理，从历史中总结经验，对于处在发展困境下的民办高校具有重要的借鉴意义。

建设一流民办高校不仅是政府的期待，也必然是民办高校自身发展的价值诉求和走向世界的必由之路。其中，教师是关键。本项课题的研究很有意义，是《国家中长期教育改革和发展规划纲要（2010—2020）》的基本要求，亦高度契合了《中共中央国务院关于全面深化新时代教师队伍建设改革的意见》的文件精神。

（3）20世纪80年代以来，重建的民办高校在推进高等教育大众化进程、缓解适龄人口升学压力、提高国民素质、促进高等教育体制改革等方面都做出了突出贡献。但是回顾民办高等教育30多年的发展历程，可以发现主要是规模的扩张，而不是内涵的凝练。董事会是民办高校的独立系统，是民办高校发展的重要保证。现今，我国民办高等教育正处于从规模建设向内涵建设转型，从规模扩张向稳定规模、规范管理、提高质量转变的关键节点，董事会制度的真正运行关系到民办高校的现代转型。"钱学森之问"促使我们反思现行大学制度，建立现代大学制度。研究大学董事会制度有利于我们抓住高等教育管理体制改革的契机，革新董事会职能职权，完善董事会治理结构，建立规范的董事会制度，这对促进民办高校健康持续发展，提高人才培养质量具有重要的理论意义和现实意义。

第二节 本课题的研究目标、研究内容和拟突破的重难点

一、研究目标

本课题以近代国人自办私立大学为研究对象，拟在经费筹措、招生就业、师资聘任、校园文化建设等方面，深度发掘其经验做法，力图勾勒出不同历史文化背景下，近代私立大学与当代民办高校所面临的挑战、所采取的应对策略，探索发展运行中规律性的法则，从而为当下民办高等教育的发展提出具有借鉴性的对策和建议。

二、研究内容

（1）民国私立大学在异常艰苦的办学条件下能取得巨大的成就，与其善于融资与资产运作有着极其关键的作用。本书拟从社会捐款、学生缴费、政府资助、银行借贷、发行债券、校产与基金利息和资产运作收入等方面进行多学科、多视角的深入分析；近代私立大学的融资环境及其成功融资的经验，对现在国家加大政府参与私立高校资金筹措的力度，鼓励银行介入民办高校的发展，拓宽民办高校自身经费筹措渠道等方面也具有重要的启示与借鉴作用。

1）在对民国私立大学的发展概况、数量的动态变化特征、类型与专业结构特征及地域分布特征进行概括的基础上，运用现代金融理论，具体归纳近代私立大学的融资渠道。

2）从宏观背景来看，近代中国国势衰微、民族危亡，"教育救国、捐资兴学"成为社会主流文化风尚；历届政府对私立大学的鼓励和支持，为私立大学的融资提供了政策支持；民族资本主义经济的发展为私立大学的融资提供了物质基础。

3）从微观层面来看，创办者（校长）具有不屈不挠的办学精神，学校积极利用校董的影响力，充分运用校友的力量，尽力寻求国际支持、开拓海外资源，努

力提高学校的办学质量和社会声誉，都是近代私立大学实现融资渠道多样化的重要因素。

（2）近代私立大学的发展与国家政策关联密切，梳理民国政府关于近代大学师资管理的相关文件尤为重要。通过相关政策的梳理，探寻政府政策出台背后的逻辑，以及对近代私立大学内部管理制度的影响。

1）从微观学校层面，对近代私立大学师资的选聘、认定、培养、考核等方面进行考察，注重与同时期国立大学师资管理的对比研究，以凸显近代私立大学师资管理的独特之处，分析私立大学在当时的背景下能够"广延名师"的原因。

2）通过剖析近代私立大学和当下民办高校在师资队伍建设方面面临的共同困境、所采取的应对策略，探寻两个不同历史时期的共同特性、文化传承和价值追求，探索隐含其中的民办高等教育运行规律，发掘近代私立大学行之有效的经验做法，从而在政府层面、社会层面、学校层面和教师个人层面，为当今民办高等教育的发展提出具有借鉴性的对策和建议。

（3）我国民办高校迅速兴起并得到快速的发展，如今已形成相当规模，办学模式呈现多样化、学科建设逐渐合理，成为高等教育的重要组成部分。但是在民办高校发展过程中，内部治理问题开始日渐突出，成为阻碍我国民办高校进一步发展，乃至威胁民办高校生存的关键因素。因此，完善民办高校管理中最为核心的董事会制度将为发展中的我国民办高校提供重要的组织保障。

三、拟突破的重难点

（一）拟突破的重点

（1）从宏观层面上，把握近代私立大学发展的时代背景、国家的政策转变、私立大学发展的历史阶段。

（2）从微观层面上，准确厘定近代私立大学的教师管理、校园文化建设、招生就业特色、多元化的筹资路径等，总结经验教训。

（3）重点探讨近代私立大学和当代民办高校在外部环境、内部管理中存在的问题，找出共性和有规律性的发展轨迹，总结当代民办高校的发展瓶颈，而后从近代私立大学发展中归纳出在师资聘任、特色校园文化建设、招生就业等方面的经验做法，从而为我国当代民办高等教育的发展提供借鉴。

（二）拟突破的难点

（1）如何在社会背景、文化思潮、政府政策等大环境已然发生巨大变化的情形下，探讨近代私立大学和当下民办高校面临的机遇、问题、对策，以期发现两者之间共通性的运行规则，是本课题研究最为关键的一环。唯有如此，才能进行科学对比，精准对接，提出准确性的借鉴。

（2）由于1952年的"院系调整"，私立大学被取消或被并入其他高校，档案随之转移；再就是由于战乱时私立大学的迁徙，导致很多珍贵档案遗失，这给资料的搜集、整理带来了困难。当然，根据现有的资料以及资料搜集的线索，厘清基本问题是完全可以做到的。

（3）当今民办大学的筹资策略、董事会运行规则等，事关民办大学的"最高机密"，如何获取相关内部文件颇有难度；获取的内容是否真实反映了民办大学的事实，亦是一个值得推敲的问题。因此，如何精准地提出解决方案是一个很大的考验。

第三节 本课题的研究思路、研究方法及资料基础

一、研究思路

（1）学术史回顾。概述本课题研究现状、研究意义、研究目标、研究内容、拟突破的重难点、研究思路和研究方法，有所创新，有所发展。

（2）凝练近代私立大学发生发展的社会文化背景、历史阶段，私立大学政策、内部管理制度。

（3）研究私立大学的招生和就业，洞察背后的政学互动。

（4）探求近代私立大学的师资问题。

（5）进一步研究近代私立大学经费的筹措和使用。

（6）根据以上研究，总结经验教训，提出对当代民办大学有借鉴意义的对策和措施。

二、研究方法

（一）文献研究法

通过对文献资料的查找，从而全面、正确地了解和掌握所要研究的问题，抽取出关于民国私立大学的相关资料并做深入的分析。

（二）历史研究法

专注于 20 世纪上半叶中国近代私立高等教育的历史文献，还原私立大学运行的实际情况和发展变化，从而把握私立大学兴起的文化背景，考察近代私立大学发展的政策环境和内部运行情况，洞悉其背后的潜在逻辑。

（三）比较研究法

把近代私立大学和当代民办大学做纵向比较，通过对比两者之间的相同点和不同点，达到借鉴近代私立大学发展的经验和教训，对当下民办大学的发展有参考和借鉴意义。

（四）问卷调查、访谈法

通过问卷调查、访谈等形式，了解当代民办大学面临的问题，并对影响民办大学发展的因素进行深入探讨，探索有效的解决路径。

（五）统计研究法

在大量搜集原始资料的基础上，对经费来源、教师结构、薪俸开支等进行梳理统计。

（六）个案研究法

选取近代某几个私立大学为个案进行重点研究，以其他私立大学为辅，试图从个案中窥探和总结近代私立大学发展的一般规律。

三、资料基础

[1] 教育部教育年鉴编纂委员会.第一次中国教育年鉴:丙编 教育概况[K].台北：台北宗青出版社，1991.

[2] 教育部教育年鉴编纂委员会. 第二次中国教育年鉴[K]. 上海：商务印书馆，1948.

[3] 复旦大学校史编写组. 复旦大学志[M]. 上海：复旦大学出版社，1985.

[4] 中华职业教育社. 黄炎培教育文集（第二卷）[M]. 北京：中国文史出版社，1994.

[5] 璩鑫圭，唐良炎. 中国近代教育史资料汇编：学制演变[M]. 上海：上海教育出版社，2007.

[6] 中国第二历史档案馆. 中华民国史档案资料汇编[M]. 南京：江苏古籍出版社，1994.

[7] 宋恩荣，章咸. 中华民国教育法规选编[M]. 南京：江苏教育出版社，2005：397.

[8] 宗有恒，夏林根. 马相伯与复旦大学[M]. 太原：山西教育出版社，1996.

[9] 朱有瓛. 中国近代学制史料（第三辑：下）[M]. 上海：华东师范大学出版社，1992.

[10] 娄岙菲. 大夏大学编年事辑[C]. 上海：华东师范大学出版社，2014.

[11] 云南省档案馆. 私立五华文理学院档案资料汇编[G]. 昆明：云南大学出版社，2009.

[12] 张耕华. 光华大学编年事辑[C]. 上海：华东师范大学出版社，2015.

[13] 汤涛. 张寿镛校长与光华大学[C]. 上海：上海人民出版社，2016.

[14] 期刊杂志：《申报》《大公报》《生活周刊》《教育杂志》《现代评论》《云南教育》《纺织周刊》《教育周刊》《政府公报》《东方杂志》《山东教育》《大夏周报》《北洋画报》《教育与职业》《大学院公报》《中华教育界》《复旦大学校刊》《教育通讯》《中法大学月刊》《光华大学半月刊》《管理中英庚款董事会半年刊》等。

第二章 近代私立高等教育发展的
社会文化背景及发展历程

第一节 近代私立高等教育发展的社会文化背景

一、市民社会的概念

市民社会是"国家与社会"关系视域的主流话语。黑格尔最先把国家与社会从概念上进行了厘定。黑格尔在其《法哲学原理》中提到,"市民社会是处在家庭和国家之间的差别的阶段"[①],第一次把市民社会与政治国家做出了明确区分。马克思在《黑格尔法哲学批判》中,对黑格尔的理论进行了批判和继承,认为:"家庭和市民社会本身把自己变成国家,它们才是原动力。可是在黑格尔看来却刚好相反,它们是由现实的理念产生的。"[②]意即市民社会是市场经济中人与人的物质交往关系和由这种交往关系所构成的社会生活领域。当然,近代中国与马克思所论述的市民社会是有所不同的,一般认为:"市民社会的结构性要素和特征主要包括私人领域、志愿性社团、公共领域和社会运动;其价值原则包括个人主义、多元主义、公开性和开放性、参与性及法治原则。"[③]通俗地讲,就是一个由相对独立存在的各种组织和团体构成的、独立于国家权力体制外的自治社会。

二、近代市民社会的萌生

自 1840 年鸦片战争以来,中国被迫由传统农耕社会向近代工商业社会转型,特别是 19 世纪末 20 世纪初的清末"新政"时期,鼓励和扶持民族资本主义经济

---

① [德]黑格尔. 法哲学原理[M]. 北京:商务印书馆,1996:197.
② 中共中央编译局. 马克思恩格斯全集(第一卷)[M]. 北京:人民出版社,1972:251.
③ 马长山. 国家、市民社会与法治[M]. 北京:商务印书馆,2001:130.

的发展；同时，国家立法及时跟进，颁布了一系列商法和经济法规，为经济活动的独立运行提供了法律法规保障；在官方主导的地方自治的推动下，脱离国家直接控制和干预的公共领域开始形成。当然，清末只是萌生了市民社会的雏形，发展得还很不充分。

北洋政府时期，是中国市民社会雏形独立性增强并得以较快发展的历史时期。军阀混战，政局不稳，国家对市民社会的控制较弱，市民社会表现活跃，民族资产阶级实力增强。

南京国民政府时期，渐趋建立起代表大地主大资产阶级利益的专制独裁统治，国家权力上升，对市民社会的活动空间形成极大的压制。

总之，"国家强于社会"的政治结构以及市民社会自身固有的缺陷，诸如政治权利有限、内部派别林立、发育不充分等，影响了中国市民社会从雏形向完备阶段的发展。

三、市民社会对近代私立高校的影响

（一）民族资本主义经济的发展，近代化城市的形成和对外开放的加深，为近代私立大学的发展奠定了物质基础

19世纪六七十年代，在"洋务运动"的刺激之下，中国的民族资本主义产生了。随着民族资本主义的产生，中国的民族资产阶级也随之诞生了。中国民族资本主义的发展有两次飞速发展阶段。一次是第一次世界大战时期。据统计，1914年工业企业注册的资本是6 200多万元，1920年增为1亿5 500多万元，增加了150%；同时，资本在50万元以上的大企业在1914年时只占总数的4%，1920年增加了14%。在采矿工作和运输业方面也有相当的发展。1916年至1920年，中国资本新式煤矿的产量由449 500吨增至4 889 700吨，即增加近11倍；1913年至1919年中国轮船吨数由133 223吨增加为287 592吨，即增加116%。[①]第二次大发展是1927—1937年间。中国国民生产毛值从1935年的237亿元（1931年是353亿元），增加到1936年的258亿元，增长9.3%，其中农业产值增加6.1%，工

---

① 吴承明. 帝国主义在旧中国的投资[M]. 北京：人民出版社，1955：109-110.

商业产值增加 21.30%。[1]民族资本主义经济的发展，促进了商品经济的发展和市场的扩大，造就了近代社会生产与社会生活的雏形，为近代私立高等教育的发展奠定了重要的基础。

近代民族资产阶级直接出资创办私立大学，比如实业家张謇创办的南通大学，上海民族资产阶级团体新药业同业公会自主开办的中法大学药学专修科，申新九厂兴办的中国纺织工学院，荣氏家族创办的江南大学，等等。虽然为数不多，但民族资产阶级为私立大学捐资助学的例子却比比皆是。私立立信会计专科学校由潘序伦出资创办，"立信会计师事务所捐赠立信会计丛书版权值十万元，设备基金五千元及中外图书四千册，值七千元，潘氏又将其执业所积余款六万元捐作建筑校舍基金，合共十七万元。"[2]焦作工学院由福中总公司出资创建，所需经费"按照福中总公司旧合同，应由福公司担负。然每年仅拨银五千两，幸有中原公司年拨一万两，福中总公司月拨三百元，以资维持。民十五年后，福公司、福中总公司相继停办，本院经费，全赖中原公司担负"。[3]私立同德医学院向无固定经费，依赖学生学杂等费及"附属医院之收入为挹注"。[4]私立东南医学院"不敷之数，由附属医院拨助"。[5]南通学院在张季直先生逝世后，经费"概由纱厂拨款维持"，后提请政府准予"在大生纱厂统税项下，提拨若干成，以维校费"。[6]

（二）救亡图存是近代私立高校发展的逻辑起点和目标追求

1840 年以降，中国渐趋沦为半殖民地半封建社会，中国人民面临着争取民族独立、人民解放和实现国家富强、人民富裕的奋斗目标。面对民族危机，深受中国传统文化影响和西方近代教育思潮影响的知识分子在第二次鸦片战争后开始萌

---

① 阿瑟·恩·杨格. 中国财政经济状况（1927—1937）[M]. 北京：中国社会科学出版社，1981：244.

② 中华民国教育部教育年鉴编纂委员会. 第二次中国教育年鉴：第五编 高等教育 第一章 综述[K]. 上海：商务印书馆，1948：780.

③ 焦作工学院之展望[J]. 焦作工学生，1933，2（1-2）：5.

④ 中华民国教育部教育年鉴编纂委员会. 第二次中国教育年鉴：第五编 高等教育 第一章 综述[K]. 上海：商务印书馆，1948：728.

⑤ 中华民国教育部教育年鉴编纂委员会. 第二次中国教育年鉴：第五编 高等教育 第一章 综述[K]. 上海：商务印书馆，1948：729.

⑥ 南通学院请拨统税补助[J]. 纺织周刊，1931，1（12）：309.

生"教育救国"思潮。蔡元培主张"军国民教育思想"，认为"只要我全国皆兵，他就四面受敌，即有枪炮，也是寡不敌众，'只要我人心不死，这中国万无可亡的理'"。①并对学生进行尚武精神的培养和军事素质的锻炼。任鸿隽首次提出科学教育救国论，五四时期渐成风潮。他们认为："我们中国教育，若真要取法西洋，应该弃神而重人，弃神圣的经典与幻想而重自然科学的知识和日常生活的技能。"②黄炎培是职业教育救国论的主要倡导者，"今吾中国至重要、至困难问题，厥惟生计。曰求根本上解决生计问题，厥惟教育。曰吾中国现时之教育，决无能解决生计问题之希望。曰吾中国现时之教育，不惟不能解决生计问题，且将重予关于解决生计问题之莫大障碍。此俄日不思所以救济，前途其堪问耶！"③主张对学生进行职业技能训练，向社会输送资本主义工商业急需的技能人才，以解决学生的就业问题。教育救国思潮丰富多彩，但均突出救国意识、忧患意识、民主意识和科学意识。

复旦大学、大夏大学和光华大学均是在教育救国思潮影响下，"收回教育权"运动的产物。私立复旦大学肇始于1902年马相伯创办的震旦学院。创设之初，学校得到了耶稣会的支持和赞助，因坚持"崇尚科学，注重文艺，不谈教理"的办学原则，故为近代中国创办的第一所私立大学。1905年，法国耶稣教会欲控制震旦学院，为教会服务，引起于右任、邵力子等学子的强烈不满，遂"愤而从大门上摘下校牌，集体离开校舍"④。离校学子拥戴马相伯在吴淞创办复旦公学，取《尚书大传·虞夏传》中"日月光华，旦复旦兮"中"复旦"二字定为校名，这所学校"是在反抗封建压迫中诞生的，在抵制帝国主义夺权中重建，是一所具有反帝反封建革命传统的爱国民主学校"⑤。1917年，复旦公学改名为私立复旦大学，经过二十多年的发展，学校成为一所闻名全国的综合性大学，1942年复旦大学由私立改为国立。

1924年，厦门大学校长林文庆因辞退四名教员，且拒绝公布理由，引发学生

① 陈天华．陈天华集[M]．长沙：湖南人民出版社，1958：71-72.
② 任鸿隽．科学与教育科学[J]．1915（1）：12.
③ 中华职业教育社．黄炎培教育文集（第二卷）[M]．北京：中国文史出版社，1994：179.
④ 复旦大学校史编写组．复旦大学志（第一卷）[M]．上海：复旦大学出版社，1985：1.
⑤ 复旦大学校史编写组．复旦大学志（第一卷）[M]．上海：复旦大学出版社，1985：33.

反抗风潮及流血冲突，于是厦门大学三百余位教师和学生推举刚卸任的原国民政府交通部长王伯群与前厦门大学教授欧元怀、王毓祥、傅式说等人共同成立大厦大学筹备处，"租定法租界贝禘鏊路美仁里二十四号为临时筹备处，宜昌路一一五号为校舍，并积极联络海内鸿硕，集思广益，同时公举道德隆崇、学问渊博者为校长。"①"大厦"即"厦大"之颠倒，后来取"光大华夏"之意定名为大夏大学，聘马君武为校长，王伯群任董事长，成为当时一所综合性私立大学。

1925年，"五卅"惨案在上海爆发，各界纷纷走上街头。圣约翰大学及附中的师生也组织罢课抗议，但遭到校方阻挠。6月3日，553名学生以及全体华籍教师19人，集体宣誓脱离圣约翰大学，10余名应届大学毕业生声明不接受圣约翰大学颁发的毕业文凭。经过各方协助，张寿镛、王省三、赵晋卿、许秋帆等在短短三个月内成立了光华大学。"光华"二字寓"光我中华"之意，取自《尚书大传·虞夏传》里的《卿云歌》："日月光华，旦复旦兮。"私立光华大学是反对外国教会文化侵略、"收回教育权运动"的必然结果和重要成果，"建立光华大学的意义，并不是简单地增加我国教育的量的建设，而是要在我国教育史上有一个新时代——教育自主的时代。"②

近代私立大学的创办者均以"教育救国"为己任，以"造就人才，以利国家"为宗旨，"教育救国"是我国近代私立高校产生和发展的基本出发点和最终目标追求。救亡图存是中国由传统社会向近代社会转轨的最根本的动力，昭示了近代中国私立高校"救时济世"的历史使命和"国家的发展目标大于个人的发展目标"的功利主义目的。

第二节　近代私立高等教育的发展历程

近代意义的私立高等教育发端于清末，历经北洋政府时期、南京国民政府时

---

① 大夏大学临时筹备处成立通告[N]. 申报，1924-7-8（3）.
② 周耀. 光华大学十周纪念的意义[A]. 光华大学十周年纪念册[C]. 上海：光华大学编印，1935：6.

期，至新中国成立后归并到公立高校。纵观其发展，近代私立高等教育经历了萌生时期、初创时期、整顿时期、依附时期和衰亡时期，凸显了近代私立高等教育发展的艰难曲折过程。

一、私立高等教育的萌生时期（1861—1912）

晚清时期，地主阶级开启的洋务运动标志着近代教育的正式启动，京师同文馆成为教育变革的最大成果。京师同文馆是清末第一所官办外语专门学校，由恭亲王奕䜣于 1861 年 1 月奏请开办，初以培养外语翻译、洋务人才为目的，以外国人为教习，专门培养外文译员，属总理事务衙门。京师同文馆的建立，标志着北京近代学校的正式出现，1912 年 1 月并入京师大学堂，是中国近代第一所国立大学，其成立标志着中国近代国立高等教育的开端。清末新政时期，废科举，设学部，改官制，推动了近代高等教育的启动。

伴随着一系列条约的签署，并为配合西方入侵的需要，西方国家通过传教士在中国建立起一大批教会学校，涌现了一些规模较大、水平较高的教会大学，比如东吴大学、齐鲁大学、文华大学、圣约翰大学、华西协和大学、明贤学校等，尤以圣约翰大学为优秀。圣约翰大学的前身是圣约翰学院，其创始人为美国基督教圣公会上海教区的主教施约瑟，于 1879 年在上海创办圣约翰学院。而使圣约翰大学成为真正意义上的现代大学的则是美国传教士卜舫济，他主持圣约翰大学 52 年之久，是圣约翰大学的灵魂与"船长"，学校一系列全面提升规划的实施，提升了圣约翰大学的知名度，使其成为民国时期著名的教会大学。教会大学刺激、引领了国人创办私立大学的尝试。

清末十年新政，最为明显的是教育变革，建立新学制、创办新学堂、鼓励出国留学等，促进了近代新式高等教育的发展；教会学校的兴办，为国人自办私立学校起了榜样和引领作用；同时，清政府也为私立学校的发展提供了较为宽松的办学环境。中国的社会精英们接受西方的先进教育理念，学习西方先进的管理模式，以"教育救国"为己任，开始了创办私立高等教育的尝试。

表 2-1　私立高等教育发展状况（1905—1910 年）

校名	创办时间	创办地点	举办者	创办原因
中国公学	1905 年	吴淞	留日学生	抗议日本《取缔清国留日学生规则》
复旦公学	1905 年	吴淞	马相伯	反对法国天主教操纵学校教育
广东光华医学堂	1908 年	广州	光华医社	争回医务主权
东亚同文书院	1900 年	南京	东亚同文会（日）	——
德文医学堂	1907 年	上海	宝隆（德）	培养中国施诊医生
焦作路矿学堂	1909 年	焦作	福公司（英）	培养路况人才

资料来源：1. 教育部教育年鉴编纂委员会. 第一次中国教育年鉴：丙编 教育概况[K]. 台北：台北宗青出版社，1991：87-140.

2. 忻福良. 上海高等学校的沿革[M]. 上海：同济大学出版社，1992：61、113-124.

　　熊元锷、熊育钖、熊育镐等人用公产盈利作为教育基金，创办了心远学堂，成为与天津南开、长沙明德并列的国内三大名校之一，享誉海内外。胡元倓以复兴民族为己任，创办长沙明德学堂，提出了"艰苦真诚"的四字校训，贯彻"磨血救国"的明德精神。张伯苓和严修联手创办了享誉中外的南开中学堂，培养了陶孟和、梅贻琦、王震、周恩来等知名人士。马相伯深知"自强之道，以作育人材为本；救才之道，尤宜以设立学堂为先"①。于是他毅然捐赠田产，创办震旦公学。后因天主教会干涉校政引发学潮，马相伯遂于 1905 年创立复旦公学。"复旦"意义有三：一是旦旦努力，振兴中华；二是复我震旦，反鞑爱国；三是光辉灿烂，自强不息。因反对日本文部省颁布的《取缔清国留日学生规则》，以姚宏业为代表的归国派留日学生筹办了中国公学，成为民主共和的试验田。因"佛山轮命案"，郑豪创办光华医学院，以"本纯粹华人自立精神，以兴神农之隧绪，光我华夏"

---

① 宗有恒，夏林根. 马相伯与复旦大学[M]. 太原：山西教育出版社，1996：24.

为主旨。国人自办的私立大学虽然经费奇缺，困难重重，但教育创办者们以为国争光的精神，筚路蓝缕，奋力开拓，奠定了私立高等教育发展的基础。

二、私立高等教育的初创时期（1912—1927）

（一）发展背景

1912 年中华民国临时政府成立伊始，就着手对旧教育体制进行改革。1912 年，临时政府颁布了《大学令》，准许兴办设立高校；同年 11 月，颁布《公立私立专门学校规程》，一体对待公立、私立专门学校。1913 年，颁布的《私立大学规程》是第一个关于近代私立大学的成文法规。[①]北洋政府颁布了一系列促进经济发展的法律法规，确立了私人财产权和经营自主权，统一了币制和度量衡等。国际上，由于第一次世界大战，西方放松了对中国经济的控制和掠夺，刺激了中国出口商品的增多，中国的民族资本主义经济出现了发展史上的第一个黄金时期，为近代私立大学的发展营造了良好的兴教办学风尚。在新文化运动和五四运动的思想激荡下，平民主义思潮、实用主义思潮风起云涌，促进了人们思想的启蒙，这对于新式教育的广泛开设铺平了道路。总之，不论是政治、经济，还是思想文化方面，都为近代私立大学的发展营造了新的环境。同时，由于中央政府式微，功利教育发展迟滞，这也为私立高等教育的发展提供了条件。

（二）发展概况

与清末相比，民国初期高等教育机构不多，同时，民国肇始，百废待兴，亟需一大批较高层次的人才。因此，私立大学的兴办合于时势。业已被认可的私立大学共计 5 所，分别是朝阳大学、中华大学、明德大学、中国大学和武昌中华大学。这一时期，私立大学设置本科的很少，多设置专门部，或预科别科等。教育部亦明白私立大学的发展需要一个过程，"本部体察目前情形，为私人办学力图便利起见，应即量予变通，准其附设……专门部。"[②]

---

① 郑登云. 中国高等教育史（上）[M]. 上海：华东师范大学出版社，1994：213.
② 朱有瓛. 中国近代学制史料（第三辑：下）[M]. 上海：华东师范大学出版社，1992：19.

表 2-2　私立大学概况列表（1918 年）

校名	科目		班数	现有学生数	毕业学生数	经费	开办及认可年月
朝阳大学	大学部	法科	1	12	——	基本金六万，不动产四万，常年经费二千七百元	民国二年九月开办，三年五月认可
		商科	1	11	——		
		预科	1	30	57		
	专门部	法科	3	79	123		
		法律别科	——	5			
		预科	1	145	86		
北平私立中国大学	大学部	法律科	1	24	——	黄金八万，常年经费二万八千四百六十五圆	民国二年四月开办，三年五月认可
		政治科	1	56	——		
		经济科	1	19	——		
		商科	5	58	24		
		法预科	9	219			
		文预科	3	101	298		
		商预科	7	41			
	专门部	政治经济科	5	76	117		
		商科	9	146	20		
		法律科	12	188	239		
		法律别科	——	——	685		
		政治经济别科	——	——	198		
		预科	6	263	——		
	附中学班		12	143			
私立武昌中华大学	大学部	文科哲学门	1	21	12	两万两千圆	民国元年九月开办，四年三月认可
		法科经济学门	1	28	——		
		政治经济别科	1	38	——		
		预科	3	90	108		
	专门部	法律科	1	10	——		
		法律别科	——		297		
		政治经济别科	——		246		
		预科	2	128			
	附中学班		7	409	43		

资料来源：中国第二历史档案馆编．中华民国史档案资料汇编：第三辑 教育[G]．南京：江苏古籍出版社，1994．179-180.

民国建立后，为实施宪政民主，参加国会选举，各种政党纷纷涌现，知识分子政治热情空前高涨。"民初国人喜谈政治，组政党，风尚所及，遂使私立学校多趋于法政。"[①]据统计，这一阶段在政府立案或备案的私立法政高校就有 21 所，还有很多私自办学而未经政府立案的法政高校。私立法政学校泛滥成灾，遍及各省市，但总体质量不高。

表 2-3　私立法政专门学校概况表（1918 年）

校名	科目	现有学生数		毕业学生数		处理年月	备考
		本科	别科	本科	别科		
北京化石桥法政专门学校	法律商	80		137		民国四年正式认可	改办甲种商业学校
北京中央政法专门学校	法律	387		119	136	民国四年正式认可	
浙江法政专门学校	法律	21		91	888	民国三年正式认可	
福建法政专门学校	法律	249		145	239	民国三年正式认可	
广州法政专门学校	法律	99			47	民国三年正式认可	
直隶法政专门学校	政治经济法律附中	155		38	240	民国四年正式认可	
江西法政专门学校	法律	123			610	民国三年准予备案	
豫章法政专门学校	法律	254		65	207	民国三年准予备案	
湖南达材法政专门学校	法律	153		42	694	民国三年准予备案	原名湖南第二法政学校,后改称今名,民国三年准予备案
湖南群治法政专门学校	法律	135		66	245	民国三年准予备案	
湖北法政专门学校	法律	353		152	324	民国三年准予备案	
四川志城法政专门学校	政治经济	61		84	120	民国三年准予备案	
四川益都法政专门学校				67	184	民国三年准予备案	停办

① 1948 年中华民国教育部教育年鉴编纂委员会．第二次中国教育年鉴（第二编）[K]．台北：台北宗青出版社，1991：119.

21

续表

校名	科目	现有学生数		毕业学生数		处理年月	备考
		本科	别科	本科	别科		
四川岷江法政专门学校	政治经济	119		21	248	民国三年准予备案	
贵州法政专门学校					235	民国四年正式认可	停办
湖北法政专门学校					255	民国三年经部核准办至原有学生毕业为止	校址原在贡院内，停办
江汉法政专门学校					148	民国三年经部核准办至原有学生毕业为止	停办
湖南会通法政专门学校					452	民国四年经部核准办至原有学生毕业为止	停办
湖南爱国法政专门学校				34	100	民国四年经部核准办至原有学生毕业为止	停办
湖湘法政专门学校					128	民国四年经部核准办至原有学生毕业为止	停办
神州法政专门学校	法律	169		48	347	民国元年一月开班，三年九月核准备案，四年三月正式认可	

资料来源：中国第二历史档案馆编．中华民国史档案资料汇编：第三辑 教育[G]．南京：江苏古籍出版社，1994．187-189．

1917 年，教育部颁布了《修正大学令》，提出"凡设一科者，亦可称大学"[1]，放宽了设立大学的条件，为私立大学的发展开了绿灯，致使私立大学广为设立，到了泛滥的地步。

① 霍益萍．近代中国的高等教育[M]．上海：华东师范大学出版社，1999．112．

第二章　近代私立高等教育发展的社会文化背景及发展历程

表 2-4　1912—1926 年设立的私立大学统计表

校名	创办人	创办及立案时间	地点	学科与学制	备注
国民大学	宋教仁 黄兴	1912 年开办	北京	初设法政别科、中学科与大学预科（分文、法、商三部）	1913 年与中国公学合并为中国公学大学部，1917 年与中国公学分离，改名为中国大学
民国大学	汪有龄 江庸	1913 年开办	北京	1916 年设法律、经济专门部和法律别科	1916 年改校名为朝阳大学，1930 年改校名为朝阳学院
明德大学	胡元倓 黄兴	1913 年开办	北京	设商科和政治、经济科	1916 年停办，1919 年在汉口复办，1926 年再停办
法政大学	何绍杰 王揖堂	1912 年开办	北京	设法政别科	1913 年改为中华大学，1917 年并入中国大学
民国大学	马景融 蔡公时	1916 年开办	北京	初设文、法、商三科及专门部	非朝阳大学前身，1930 年改为民国学院，抗战胜利后改为民国大学
上海图画美术院	刘海粟	1912 年开办	上海	1914 年设绘画正、选两科，正科三年毕业，选科一年毕业	1921 年更名为上海美术专门学校，1930 年更名为上海美术专科学校
大同大学	胡敦复 朱香晚 平海澜	1912 年开办	上海	先设预科和普通科，后设专修科和本科	初名大同学院，1922 年改称大同大学
德华高等实业学校	德国实业家	1912 年开办	上海	分电气机械和铁路建筑两科	即同济德文医工学院的工科，建于德文医学堂内，1917 年改名同济医工专门学校，1927 年改为同济大学
武昌中华大学	陈宣恺 陈时	1912 年开办	武昌	初设预科，1915 年后设文、理、商三科	初名为武昌中华学校，1915 年升格为大学
南阳路矿学堂	林兆禧	1912 年开办	上海	设铁路、矿学和普通三科	1924 年改为东华大学
南开大学	严修 张伯苓	1919 年开办，1925 年在北洋政府立案，1929 年在国民政府立案	天津	设文、理、商三科	1946 年改为国立南开大学

续表

校名	创办人	创办及立案时间	地点	学科与学制	备注
厦门大学	陈嘉庚	1920 年开办	厦门	设师范、商学两部，师范设文、理两科	北洋时期和国民政府时期两次立案，1937 年改为国立厦门大学
南通大学	张謇	1920 年开办	南通	设农科、医科和纺织科三科	1930 年改为南通学院
中法大学	留法俭学会	1920 年开办，1926 年立案	北京	初设文、理两科	
畿辅大学	关赓麟 唐绍仪 叶恭绰	1924 年开办，1925 年立案	北京		1928 年更名为北平铁路大学，1932 年定名为北平私立铁路学院，抗战胜利后改为北平铁路专科学校
华北大学	蔡元培	1922 年开办，1924 年立案	北京	设文、法两科和银行专修科	1930 年改为华北学院，1946 年重定校名为华北文法学院
平民大学	汪大燮 张仲仁	1921 年开办	北京	初设商、文、法三科	30 年代初改校名为平民学院，1937 年停办
北京美术学院		1924 年开办	北京	设绘画、雕塑、实用美术、音乐、图画手工、音乐师范等系	1933 年改名为北平美术专科学校，1938 年改为北京美术学校，抗战期间停办
北京中央大学	孙武	1923 年开办，1926 年准予试办	北京		原为中央法政专门学校，1927 年并入中国大学
孔教大学	陈焕章	1923 年开办，1926 年准予试办	北京		短期存在
东方大学	余天体	1923 年开办，1926 年准予试办	北京		1927 年并于畿辅大学
文化大学	江亢虎	1924 年开办，1926 年准予试办	北京		短期存在
南方大学		1924 年			
同德医学专门学校	中华德医学会	1918 年开办	上海		1920 年呈请备案，1930 年更名为同德医学院

续表

校名	创办人	创办及立案时间	地点	学科与学制	备注
亚东医学会专门学校	史蕴璞	1918 年开办	上海		1919 年改为南洋医学专门学校,1929 年改为南洋医学院,1930 年停办
东亚体育专科学校	庞醒跃 傅朗斋	1918 年开办	上海		1941 年停办,1947 年复校
两江女子体育专科学校	陆礼华	1922 年开办	上海		抗战爆发后学校停办
上海大学	国共两党	1922 年开办	上海	初设文学、美术两科,1924 年设中文系、英文系、社会学系、美术系	前身为私立东南高等师范专科学校,1927 年被国民党政府查封
群治大学	罗睡庵	1922 年开办	上海	设文、法、商三科	前身为群治法政专科学堂,停办时间不详
持志大学	何世祯 何世枚	1924 年开办	上海	初设中文系、英文系、政治系和商科	1930 年改名为持志学院,1939 年被勒令停办
大夏大学	厦门大学离校学生	1924 年开办,1926 年准予试办	上海	初设文、理、商、教思科和预科	
上海会计专科学校	董诗闻 沈立人	1924 年开办	上海		
上海法政大学	徐谦 沈仪彬	1924 年开办	上海	设法律、经济、政治三系	1929 年改为私立上海法政学院
光华大学	圣约翰离校师生 张寿镛	1925 年开办	上海	初设文、理、商、工四科	
东南医科大学	郭琦云 汤蠡舟	1926 年开办	上海		1930 年改称私立东南医学院
上海法学院	上海法政大学离校学生 褚辅成	1926 年开办	上海	初设大学部、专门部和预科,大学部设法律、经济、政治三系	

续表

校名	创办人	创办及立案时间	地点	学科与学制	备注
新华艺术学院	上海美专离校学生	1926 年开办	上海		1928 年改称新华艺术大学，1929 年改为新华艺术专科学校
心远大学	熊育锡	1925 年立案	南昌		
山西山右大学	赵戴文 赵希复	1922 年开办	太原		1929 年与私立山西兴贤大学合并组建私立并州大学
山西兴贤大学	严敬斋	1924 年开办	太原		1929 年与私立山西山右大学合并组建私立并州大学
私立并州大学		1929 年开办	太原		1929 年由私立山西山右大学和兴贤大学合并而成，1931 年改称私立并州学院，1935 年停办
苏州美术专科学校	苏州书画会	1923 年开办	苏州	初设西洋画系和国画系两系	前身为苏州暑期图画学校，1930 年改名为苏州美术专科学校
武昌美术专门学校		1923 年开办	武昌		前身为武昌美术学校，1930 年改名为武昌艺术专科学校
广东国民大学	陈其瑗 张景耀 卢颂芳	1925 年开办	广州	初设文、商、社会三系	
湘雅医学专科学校	美国雅礼会和湖南育群学会合办	1914 年开办	湖南长沙	学制分医预科、前期、临床实习三个阶段	
西南美术专科学校	杨公托、万从木等	1925 年开办，1927 年在地方获准立案	四川重庆		

续表

校名	创办人	创办及立案时间	地点	学科与学制	备注
仓圣明智大学	英籍犹太人哈同	1915 年开办	上海		1923 年停办
湖南自修大学	毛泽东何叔衡	1921 年开办	长沙		1923 年 11 月被赵恒惕强令解散
新民大学		1924 年开办	北京		1930 年被政府取消
公民大学		1924 年开办	北京		短期存在
国际大学		1924 年开办	北京		短期存在
务本大学		1924 年开办	北京		短期存在
进群大学		1924 年开办	北京		短期存在
宏才大学		1924 年开办	上海		短期存在
文治大学		1925 年开办	上海		短期存在
群众大学		1924 年开办	上海		短期存在
私立师范大学		1924 年开办	上海		短期存在
私立艺术师范大学		1924 年开办	上海		短期存在
南洋医科大学		1924 年开办	上海		短期存在
私立青岛大学		1924 年开办	青岛		1929 年 6 月,国民政府行政院决议取消私立青岛大学

资料来源:郑登云. 中国高等教育史(上)[M]. 上海:华东师范大学出版社,1994:214-223.

从表 4 可知,1912 年至 1926 年,创设的私立大学(不含教会大学)达 60 所之多，可谓呈井喷之势。从地域分布来看，这些学校主要集中在上海和北京，上海 24 所，北京 19 所，可见多分布在经济、政治中心之地。从学科分布来看，以文、法、商科为主，主要原因估计是私人办学经费有限，筹资困难，因为兴办理科、工科需要大量的仪器设备，耗资巨大，学校难以承受。

从政府管理的角度看，虽然颁发了《私立学校规程》，但中央政府的实际掌控能力仍然较差，以至于对私立大学的设置、管理相对放任，按规定向政府依法注册的较少。私立大学数量的激增并不意味着质量的提高。短期存在或被勒令停止办学的私立高校达 15 所之多，占新设立大学的 25%，这说明此时私立大学办学水平较差。这些私立高校之所以短期存在，一个原因是在激烈的竞争中，它们自生自灭；另一个原因是政府进行政策调整，解决比例失调问题。

当然，宽松的发展环境，也为办学认真的私立大学提供了自由发展的机会和氛围，所以，涌现出一大批资质良好、声誉日隆的私立高校。例如，陈宣恺、陈时创办的武昌中华大学，严修、张伯苓创办的南开大学，陈嘉庚投巨资兴办的厦门大学，张謇投资兴办的南通大学，还有大夏大学、大同大学、光华大学、湘雅医学专科学校，等等。北洋政府时代，私立大学的勃兴，显示了中国民间办学力量的强大，折射了社会精英的爱国热情和对私立高等教育实业的热忱，意味着中国教育开始步入朝野互动、办学主体多元的办学格局。

三、私立高等教育的整顿时期（1927—1937）

1927 年，南京国民政府成立，随着张学良宣布"改旗易帜，服从国民政府"，在形式上实现了国家的统一。国民政府开始对高等教育厉行整顿，限制数量、提高门槛、调整大学院系结构、统一教员标准、统一学生管理、推行党化教育、保障教育经费等，大力规范私立大学。

表 2-5　全国各大学概况统计表（1931 年）

校别	校址	经费（元）		教职员（人）			在校生
		岁出	岁入	教员	职员	互兼	
国立各大学	——	13 190 460	13 478 760	4 670	2 808	586	27 096
省立各大学	——	3 613 900	3 438 750	563	412	65	4 253

续表

校别	校址	经费（元）		教职员（人）			在校生
		岁出	岁入	教员	职员	互兼	
私立各大学	——	7 683 667	7 706 535	1 509	872	276	9 465
燕京大学	北平	1 025 660	1 025 660	151	73	9	519
岭南大学	广州	944 678	872 939	91	86	8	284
中法大学	北平	814 626	844 626	83	39	18	202
金陵大学	南京	689 333	689 251	129	95	37	537
辅仁大学	北平	439 842	495 823	69	52	18	548
武昌中华大学	武昌	426 276	426 276	68	35	15	458
齐鲁大学	济南	401 510	401 511	87	32	9	325
震旦大学	上海	323 820	323 810	67	35	17	199
南开大学	天津	318 476	355 366	42	32	1	455
沪江大学	上海	318 065	318 065	56	26	6	545
光华大学	上海	279 064	278 446	64	25	8	654
广东国民大学	广州	263 197	241 639	79	52	12	739
广州大学	广州	245 001	258 004	56	30	11	458
厦门大学	厦门	229 988	252 520	62	51	12	435
东吴大学	上海 苏州	211 641	192 726	134	35	21	401
复旦大学	上海	196 478	196 476	96	54	24	1 215
武昌华中大学	武昌	194 021	201 403	73	16	4	74
大夏大学	上海	176 051	176 051	104	84	37	1160
大同大学	上海	155 940	155 940	44	17	9	227

资料来源：中国第二历史档案馆编. 中华民国史档案资料汇编：第五辑 第一编 教育[G]. 南京：江苏古籍出版社，1994：248-259.

表2-6 全国各独立学院概况统计表（1931年）

校别	校址	经费（元）		教职员（人）			在校生
		岁出	岁入	教员	职员	互兼	
国立各学院	——	237 620	251 568	71	69	11	691
省立各学院	——	1 085 667	1 148 273	307	331	57	1 664
私立各学院	——	5 871 193	5 873 944	1 135	450	120	9 951
协和医学院	北平	3 552 218	3 552 217	123	12	——	101

续表

校别	校址	经费（元）		教职员（人）			在校生
		岁出	岁入	教员	职员	互兼	
福建协和学院	福州	360 587	376 668	42	26	8	174
之江文理学院	杭州	270 946	270 946	23	27	6	221
湘雅医学院	长沙	192 153	192 250	21	11	5	36
中国学院	北平	186 859	175 742	136	62	9	1 752
夏葛医学院	广州	162 050	162 050	36	20	14	49
焦作工学院	河南焦作	142 808	159 514	27	21	3	65
朝阳学院	北平	137 701	143 924	82	36	5	1 709
中国公学	上海	128 206	116 250	61	31	3	1 937
福建学院	福州	118 552	95 352	33	14	11	137
南通学院	南通	109 476	107 788	45	41	17	336
民国学院	北平	104 996	103 568	117	42	8	1 490
上海法学院	上海	101 613	102 290	142	19	5	819
持志学院	上海	78 901	78 901	58	28	8	690
华北学院	北京	71 904	72 159	65	33	14	530
金陵女子文理学院	南京	58 095	58 095	44	13	2	192
上海法政学院	上海	52 960	54 534	57	3	——	561
正风文学院	上海	41 168	51 696	23	11	2	79

资料来源：中国第二历史档案馆编. 中华民国史档案资料汇编：第五辑 第一编 教育[G]. 南京：江苏古籍出版社，1994：260-266.

表 2-7　全国各专科学校概况统计表（1931 年）

校别	校址	经费（元）		教职员（人）			在校生
		岁出	岁入	教员	职员	互兼	
国立各专科学校	——	187 523	188 875	870	576	146	4 765
省立各专科学校	——	849 446	867 447	372	255	58	1 121
公立各专科学校	——	372 960	409 760	98	105	10	817
私立各专科学校	——	535 801	661 856	359	183	69	2 755
武昌艺术专科学校	武昌	146 820	235 640	55	15	5	112
东亚体育专科学校	上海	81 501	85 719	49	22	——	522
上海美术专科学校	上海	70 974	70 865	74	42	13	769
广州法政专门学校	广州	59 813	86 255	19	10	3	458

续表

校别	校址	经费（元）		教职员（人）			在校生
		岁出	岁入	教员	职员	互兼	
新华艺术专科学校	上海	47 327	47 368	36	21	9	267
福建法政专门学校	福州	36 874	36 874	26	13	9	262
中山体育专科学校	苏州	27 720	27 720	23	16	9	139
苏州美术专科学校	苏州	21 952	28 147	47	23	12	64
无锡国学专修学校	无锡	19 060	17 488	12	10	4	150
武昌文华图书馆学专科学校	武昌	18 760	25 780	18	11	5	12

资料来源：中国第二历史档案馆编. 中华民国史档案资料汇编：第五辑　第一编　教育[G]. 南京：江苏古籍出版社，1994：268-271.

根据表5、表6、表7相关数据，对1927—1937年私立大学的发展状况做简单分析。

民国高等学校分为大学、独立学院和专科学校三种。私立大学计19所，占全国大学数量的46%；其中国人自办的私立大学10所，占全国大学数量的24%，占私立大学数量的53%。私立各独立学院18所，占全国独立学院数量的53%；其中国人自办的私立独立学院12所，占全国独立学院数量的35%，占私立独立学院数量的67%。私立专科学校10所，其中国人自办的私立专科学校9所，占全国专科学校数量的26%，占私立专科学校数量的90%。国人自办私立高校31所，占全国私立高校的66%。这说明这一时期，国人自办私立大学的能力有了很大的提高，打破了教会大学一统的局面。

1931年私立高校经费收入为5 083 138元，占全国高校经费收入的15%，校均收入为163 972元，生均经费为283.6。公立高校经费收入为19 783 451元，占全国高校经费收入的58%，校均经费收入341 094元，生均经费899.4元。教会大学经费收入为9 159 197元，占全国高校经费收入的27%，校均经费收入为572 449，生均经费2 156.6元。[①]私立高校的生均办学经费虽占公立高校的32%，但仅占教

① 1934年中华民国教育部教育年鉴编纂委员会：第一次中国教育年鉴：丁编[K]. 台北：台北宗青出版社，1991：34-39.

会高校生均办学经费的 13%。以上数据说明，国人自办私立高校的办学条件远远落后于国办高校和教会高校。

在地域分布上，上海 14 所，占 30%；北平 7 所，占 15%；广州 5 所，占 11%；苏州 3 所，占 6%。可见，私立高校多集中于政治、经济、文化发达的城市。特别是工商业发达的上海，是中国高校最为集中的城市。20 世纪 30 年代的上海，拥有 400 万人口，是中国最大的金融中心、商业中心和工业生产基地，为私立高校的创办提供了物质基础，能够支撑私立高校高昂的学费、杂费；同时，上海是国际大都市，人才荟萃，为私立高校提供了广大的知识精英人才储备。大量高校的聚集和人才的培养，又为城市的发展提供了各种各样的建设人才，推动了地方经济社会的发展，实现了私立高校与现代城市的良性互动。

在这一阶段，国民政府一方面颁布相关法令对私立高校进行整顿治理，另一方面对私立高校进行各种补助，推动了私立高校数量的不断增长和质量的渐趋提升，私立高校进入规范化运行的新阶段。

四、私立高等教育的依附时期（1937—1946）

抗日战争时期，私立高校受到日寇的打击摧毁，损失最为严重。据 1939 年 4 月的统计数据，私立高校死伤 50 人，财产损失为 22 662 712 元。其中，复旦大学财产损失 544 975 元；大夏大学损失 550 000 元；南开大学损失 3 000 000 元。各私立高校损失详情见表 2-8。这使本就拮据的私立高校更是雪上加霜，"抗战时期我国高等教育所遭受的重创"，使"我国私立大学教育也由此元气大伤"。①

表 2-8　抗战以来私立专科以上学校财产损失统计表（1939 年 4 月）

校别	死伤人数	财产损失数（单位：元）	备注
总计	50	22 662 712	
各私立大学	36	15 384 834	
金陵大学	7	2 316 310	校舍价值数
复旦大学	——	544 975	校舍价值数及呈报损失价值数

---

① 吴洪城，张华. 血与火的民族抗争：日本侵华时期沦陷区奴化教育史纲[M]. 呼和浩特：内蒙古大学出版社，2007：15-22.

续表

校别	死伤人数	财产损失数（单位：元）	备注
光华大学	——	800 000	呈报数
大夏大学	7	550 000	呈报数
东吴大学	——	1 510 000	校舍价值数及呈报损失价值数
沪江大学	2	599 368	校舍价值数
燕京大学	20		不详
辅仁大学	——	——	不详
中法大学			不详
南开大学	——	3 000 000	呈报数
齐鲁大学	——	957 350	校舍价值数
武昌华中大学	——	292 397	校舍价值数
武昌中华大学	——	431 910	校舍价值数
岭南大学	——	3 800 000	校舍价值数
广东国民大学	——	383 080	校舍价值数
广州大学	——	192 444	校舍价值数
各私立独立学院	14	6 306 225	
金陵女子文理学院	2	1 311 736	校舍价值数及呈报损失价值数
上海法学院		510 000	呈报数
持志学院	——	516 100	呈报数
朝阳学院	——	247 750	校舍价值数
中国学院	——	433 800	校舍价值数
中国公学	——	——	不详
正风文学院	——	100 000	呈报数
协和医学院	——		不详
民国学院	11	213 000	呈报数
天津工商学院	——	1 200 000	校舍价值数
南通学院	——	307 810	校舍价值数
之江文理学院	——	600 000	校舍价值数
广东光华医学院	——	169 926	校舍价值数
焦作工学院	——	184 452	校舍价值数
上海女子医学院	——	34 651	呈报数
同德医学院	——	160 000	呈报数
东南医学院	1	270 000	校舍价值数

续表

校别	死伤人数	财产损失数（单位：元）	备注
上海法政学院	——	50 000	呈报数
各私立专科学校	——	971 653	——
武昌艺术专科学校	——	165 700	校舍价值数
新亚体育专科学校	——	92 000	呈报数
苏州美术专科学校	——	123 000	校舍价值数
上海美术专科学校	——	180 920	校舍价值数及呈报损失价值数
新华艺术专科学校	——	110 000	呈报数
无私国学专修学院	——	26 000	呈报数
武昌文华图书馆专科学校	——	140 391	校舍价值数
山西川至医学专科学校	——	192 150	校舍价值数
铁路专科学校	——	390 028	校舍价值数

附注：呈报数系各校呈报数字，其余均系就校舍价值估计。

资料来源：中国第二历史档案馆编. 中华民国史档案资料汇编：第五辑第二编 教育[G]. 南京：江苏古籍出版社，1994：375-377.

表2-9　私立专科以上学校建筑物损失统计表（1945年5月）

学校机关别	共计			平房		楼房		其他建筑
	座	间	处	座	间	座	间	处
私立大学	383	8715	1	339	569	44	——	1
私立学院	25	3086	——	16	1140	9	1946	
私立专科	146	133	18	69	133	77	——	18

资料来源：中国第二历史档案馆编. 中华民国史档案资料汇编：第五辑第二编 教育[G]. 南京：江苏古籍出版社，1994：383-384.

表2-10　私立专科以上学校图书损失统计表（1945年5月）

学校机关别	共计					中文书					外文书		
	部	套	项	册	秩	部	套	项	册	秩	部	箱	册
私立大学				238 121					150 382				87 739
私立学院		11		627 568			11		565 164				62 404
私立专科	140	3169		110 308		140	3 169		109 365				943

资料来源：中国第二历史档案馆编. 中华民国史档案资料汇编：第五辑第二编 教育[G]. 南京：江苏古籍出版社，1994：385-386.

表 2-11　私立专科以上学校仪器损失统计表（1945 年 5 月）

学校机关别	共计						物理仪器					化学仪器				测量仪器			医学仪器	
	架	箱	套	部	座	件	架	箱	套	部	件	架	箱	套	件	架	套	件	箱	件
私立大学	20	184	1140	8	37	123395	20	57	1140	8	123395	—	—	—	—	—	—	—	—	—
私立学院	35	126	—	—	148	27144	35	—	—	—	—	—	—	—	26303	—	—	23	—	—
私立专科	3	—	22	—	—	1605	3	—	11	—	414	—	—	—	—	—	—	—	—	—

资料来源：中国第二历史档案馆编．中华民国史档案资料汇编：第五辑第二编 教育[G]．南京：江苏古籍出版社，1994：388-389.

表 2-12　私立专科以上学校仪器标本损失统计表（1945 年 5 月）

学校机关别	标本模型				工程仪器			天文仪器		蚕丝仪器	数学仪器		农学仪器	教育仪器	美术仪器	语言仪器
	箱	套	座	件	套	座	件	套	件	件	箱	件	件	箱	件	箱
私立大学	—	.	—	—	—	37	—	—	—	—	1	—	—	126	—	—
私立学院	—	—	—	818	—	148	—	—	—	—	—	—	—	126	—	—
私立专科	—	11	—	—	386	—	—	—	690	—	—	—	—	—	115	—

资料来源：中国第二历史档案馆编．中华民国史档案资料汇编：第五辑第二编 教育[G]．南京：江苏古籍出版社，1994：391-392.

表 2-13　私立专科以上学校器具损失统计表（1945 年 5 月）

学校机关别	共计			木器	家具	体育用品	交通用具	乐器		机械		水电设备	其他用具
	件	辆	架	件	件	件	辆	架	件	架	件	件	件
私立大学	825651	28	251	460942	209501	261	28	20	109	231	57500	34072	110298
私立学院	64107	—	33	47148	5950	3972	—	10	1150	23		1265	4622
私立专科	44637	—	50	30281	6716	874	—	13	75	37	—	2588	4103

资料来源：中国第二历史档案馆编．中华民国史档案资料汇编：第五辑第二编　教育[G]．南京：江苏古籍出版社，1994：393-394．

表 2-14　私立专科以上学校医药用品损失统计表（1945 年 5 月）

学校机关别	共计						药品			化学药品			医具		
	磅	瓶	箱	盒	支	件	磅	瓶	箱	磅	瓶	箱	盒	支	件
私立大学	756	110	—	51	443	—	304	45	26	452	65			51	443	—
私立学院		1725	—		2817		690			1035				2817	
私立专科	—	—	—		35									35	—

资料来源：中国第二历史档案馆编．中华民国史档案资料汇编：第五辑第二编　教育[G]．南京：江苏古籍出版社，1994：396-397．

表 2-15　私立专科以上学校其他损失统计表（1945 年 5 月）

学校机关别	共计（单位名称完全不同不列共计）	衣着类			粮食			牲畜		树木		其他		
		套	件	箱	石	袋	担	头	群	株	亩	个	斤	头	合
私立大学	—		31510	—			1208	1635	—	10103	1955	3036	—		—
私立学院	—		—					4078	—	—	230	—	—		—

续表

学校机关别	共计（单位名称完全不同不列共计）	衣着类			粮食			牲畜		树木		其他			
		套	件	箱	石	袋	担	头	群	株	亩	个	斤	头	合
私立专科		1150	199	—	—	—	—	—	—	—	—	1150	—	—	—

资料来源：中国第二历史档案馆编．中华民国史档案资料汇编：第五辑第二编 教育[G]．南京：江苏古籍出版社，1994：398-399．

1945 年 5 月，教育部统计处编全国各级学校及教育机关战时财产损失数量统计表显示（表 2-9—表 2-15）：私立高校建筑物损失 554 座、11 934 间、19 处；图书损失 140 部、3 180 套、975 997 册；仪器标本损失 63 架、310 箱、1 162 套、8 部、185 座、152 144 件；损失器具 934 395 件、28 辆、334 架；还有其他损失。[①]

1937 年，抗日战争全面爆发，国民政府确立了"战时当作平时看"的教育方针，针对学校迁徙、学生流亡、物价波动等采取了一系列稳定和恢复教育事业的措施。

一是支持私立高校内迁。1930 年 9 月 10 日，教育部正式发布了由北京大学、清华大学和私立南开大学组建长沙临时大学的命令。1937 年底，教育部决定将长沙临时大学迁往昆明，1938 年 4 月，教育部发布命令将国立长沙临时大学更名为国立西南联合大学。复旦大学、大夏大学、光华大学等私立高校都是在政府的帮助下，辗转到大后方的。在转移的过程中及在大后方立足，政府的资助功不可没。

二是对私立各高校给予财政资助。1934 年，颁布了《私立专科以上学校补助分配大纲》，规定："补助费总额定为全年七十二万元，约以百分之七十补助扩充设备，以百分之三十补助添设特种科目之教席。"[②]开始对私立高校进行资助。（见

① 中国第二历史档案馆编．中华民国史档案资料汇编：第五辑第二编 教育[G]．南京：江苏古籍出版社，1994．383-400．
② 宋恩荣，章咸．中华民国教育法规选编[M]．南京：江苏教育出版社，2005．397．

表 16）当然，对公立高校的补助比私立高校高得多，但在经费筹措紧张的情况下，这也算是一笔比较稳定的经费来源。政府的财政补助，主要是引导私立高校减少文、法科，向实科发展；同时，申请能否得到补助，能申请到多少补助，除了办学实力之外，还要看私立高校与政府的合作程度。

三是将一些实力不俗的高校改为国立大学。民国私立大学改为国立始于1927年私立同济大学改为国立同济大学。1935年，私立厦门大学因陈嘉庚出现经济危机，向政府提出收归国有申请。抗战时期，因生存困境，私立复旦大学、私立武昌中华大学、私立南开大学、私立复旦大学、私立大夏大学、私立光华大学等均向政府提出改制申请，究其原因，都是受经费限制所致。最终，厦门大学、复旦大学、南开大学相继转为国立大学。这导致了私立高等教育在数量和质量上都受到了极大的削弱，"这些著名私立大学国有化，致使存留的私立大学在教育质量、办学实力等方面处于下降趋势，有些私立大学不得不宣布停办。"[①]

表 2-16　国民政府补助私立高校经费分配表（1934、1935 年）

年份 学校	1934 年	1935 年
厦门大学	90 000	98 861
南开大学	40 000	43 015
大夏大学	35 000	16 280
大同大学	35 000	37 193
光华大学	20 000	13 725
复旦大学	15 000	16 280
广东国民大学	14 000	15 233
广州大学	6000	6274
武昌中华大学	6000	6663
焦作工学院	35 000	36 600
南通学院	35 000	42 638
广州光华医学院	8000	8366
朝阳学院	8000	8366
晋川医学专科学校	15 000	16 873
中法药学专科学校	10 000	10 457
苏州美术专科学校	6000	6274
东亚体育专科学校	5000	5228

资料来源：宋秋蓉. 近代中国私立大学研究[M]. 天津：天津人民出版社，2003：133.

---

① 尚国乾. 中国近代私立大学的发展嬗变及办学特征研究[D]. 长春：东北师范大学，2006（12）.

战时，随着政治、经济一体化进程的快速推进，财政资源越来越集中于中央，民族资本主义工商业受到巨大的摧残，私立高校筹款异常困难，不得不依靠政府。南京国民政府一方面加大立法力度，限制文、法科，进一步规范、控制私立高校；另一方面根据私立高校办学质量和理工科发展的优劣程度，对私立高校予以财政补助，逐步将私立高校的发展纳入政府的通盘考虑之中。从政学关系角度来看，私立高校越来越依赖于党政要人的支持，越来越依附于国家政府。

五、私立高等教育的衰亡时期（1946—1952）

1945 年以后，国民党坚持专制独裁统治，背信弃义，不遵守协议，发动了反人民的内战。战火连天，政局动荡，经济凋敝，通货膨胀，致使还未从抗战中恢复元气的私立高校又遭到战火的破坏，只能勉力维持。"曾一度很有名气的大夏大学，此时仅有 20%的专任教师任教。南京工业专科学校徒有虚名，无任何设备。"[①]其他私立高校亦是如此，渐趋没落。

1949 年之后，中共考虑到私立高校在学科建设、专业设置、学校管理上的混乱局面，以及新中国进行社会主义建设的需要，以苏联为蓝本，构建了以单科院校为主体的高度集中管理的高等教育体系。在这个过程中，以燕京大学、金陵大学、圣约翰大学、岭南大学为代表的 21 所教会大学全部被裁撤。以大同大学、大夏大学、光华大学、广州大学、江南大学、南通大学、武昌中华大学、立信会计专科学校等几十所国人自办的私立高校也被调整、合并、裁撤。

私立高校在复杂的历史背景和复杂的国际国内环境下失去了存在的条件，退出了历史的舞台，终成绝响。在当时的话语下，这种情况具有时代的合理性。

---

① 方光伟. 民国私立大学的兴衰[A]. 纪念《教育史研究》创刊二十周年论文集（8）——中国民办教育史研究[C]，2009：1413-1419.

第三章　近代私立高等教育政策演进

第一节　清末新政时期的私立高等教育政策
（1901—1912 年）

一、《奏定大学堂章程》的规定

清末新政时期的高等教育政策模仿、移植于日本，是中外高等教育思想激烈碰撞的产物，是近代中国有志之士救亡图存的逻辑结果。笔者拟从 1904 年颁布的《奏定大学堂章程》来对清末高等教育政策做简要考察。

高等教育宗旨为："以谨遵谕旨，端正趋向，造就通才为宗旨。"[①]由专才向通才的转变，反映了在大学培养人才上的独立性倾向认知，明确了高等教育的办学方向，是一个重要的历史定位。

"大学堂内设分科大学堂，为教授各科学理法，俾将来可施诸实用之所"。[②]各分科大学的修业年限，一般为三年，"惟政法科及医科中之医学门以四年为限"[③]。大学分科制为以后高等教育政策的制定奠定了基础。

仿照日本分科体制，《奏定大学堂章程》将大学堂分为八科，分别为经学科、政法科、文学科、医科、格致科、农科、工科和商科；[④]此外，还对专业设置、课程设置、教职员资格、招生考试、配套措施等做了相应的规定。这些规定为初立阶段的高等学校设置了蓝本，为以后高校设置提供了借鉴。

---

① 璩鑫圭，唐良炎. 中国近代教育史资料汇编：学制演变[G]. 上海：上海教育出版社，2007，339.
② 同上.
③ 同上，340.
④ 同上，340.

二、《奏定学务纲要》的规定

查清末颁布的各项章程，并无专章规范私立高等教育的章程。但在《奏定学务纲要》中有两条禁止性规定。第一条是"其私设学堂，概不准讲习政治、法律专科，以防空谈妄论之流弊。"[①]第二条是"凡民间私设学堂，非经禀准，不得教授兵式体操。其准习兵操者，亦止准用木枪，不得用真枪以示限制。"[②]

体察法律条文的背后，我们可得知，当时的清政府并无大力发展私立高等教育的设想，对私立高等教育的发展基本上是放任的态度。

第二节　北洋政府时期的私立高等教育政策
（1912—1927 年）

民国肇造，急需各种高等专业人才，然而北洋政府面临着政局不稳、内战不已、国库空虚的窘境。当政者意识到了民间兴办高等教育的良机。当局高层经研究后，迅速出台了《专门学校令》《大学令》《大学规程令》等文件，规定"凡私人或私法人筹集经费，依本令之规定设立专门学校，为私立专门学校。"[③]"私人或私法人亦得设立大学，除本令第六条、第十一条、第十七条第四款、第十九条第三款、第四款外，均适用之。"[④]这三部基本法令，都承认私立高等教育的合法性。随后当局又出台了《私立大学规程令》《私立专门以上学校认可条例》等文件，可谓是对之前文件的进一步的细化和补充。

---

① 璩鑫圭，唐良炎. 中国近代教育史资料汇编：学制演变[G]. 上海：上海教育出版社，2007，497.
② 同上.
③ 中国第二历史档案馆. 中华民国史档案资料汇编：第三辑　教育[G]. 南京：江苏古籍出版社，1994，107.
④ 中国第二历史档案馆. 中华民国史档案资料汇编：第三辑　教育[G]. 南京：江苏古籍出版社，1994，110.

一、《私立大学规程令》的相关规定

（一）设置与废止程序

1. 设置条件

私人或私法人设立大学，应就设置目的、名称、位置、学则、学生定额、地基房舍之所有者及其平面图、经费及维持之方法、开校年月等，"呈请教育总长认可"①；上述事项如有变更，"应呈请教育总长认可"②。同时需要一并呈报的还有代表人的履历，代表人对该校"应负完全责任"。"私立大学如系一人设立者，即以设立者为代表人；如系二人以上设立者，应推举一人为代表人，其他非负完全责任之发起人及赞成者，均不在代表之列。"③

2. 废止程序

私立大学因各种原因停办，应"详具理由并处置学生之法，呈请教育总长认可"。④

（二）办学条件

要求私立大学的校地、校舍、校具等，"均须完全设备"⑤。校地须有宽广之面积，并须于道德及卫生上均无妨碍。校舍除各种教室外，还应备设图书室、实习室、实验室、器械标本室、药品室、制炼室等，以供实地研究。文科要求设置历史博物馆、人类模型室、美术室等；理科要求设置附属气象台、植物园、动物园、临海试验所等；商科要求设置商品陈列所、商业实践室等；医科要求设置附属医院；农科要求设置农事试验场、演习林、家畜病院等；工科要求设置各种实习工厂。⑥

（三）校长及教员资格

私立大学的教员须具备以下条件之一：在外国大学毕业者；从国立大学或经教

---

① 中国第二历史档案馆. 中华民国史档案资料汇编：第三辑　教育[G]. 南京：江苏古籍出版社，1994，141.
② 同上.
③ 同上.
④ 同上，143.
⑤ 同上，142.
⑥ 同上.

育部认可之私立大学毕业，并积有研究者；有精深之著述，经中央学会评定者。[①]校长除具备上述条件之一外，还须"曾充任大学教员一年以上者"[②]。如果，无合适人选，聘请相当之人员充任，还需"呈请教育总长认可"[③]。

二、《私立专门以上学校认可条例》之相关规定

1915 年 7 月 20 日公布的《私立专门以上学校认可条例》最为显著的规定是设置了私立高校"试办期"。

私立高等学校应在"开学后三个月内"，将相关表册呈报教育总长。经派员视察后，认为校址、校舍、学则、学科分配、教职员资格、学生资格、经济状况、各项设备完善的，"由部批准试办，以三年为试办期"。[④]

批准试办的私立高校应"每学期开始后，遵照部章将校内各项详细情形呈报教育总长"[⑤]。

批准试办私立高校具备：有自置之相当校舍；有确定之基金在五万元以上；经部派员考试，学生成绩优良，可由"教育总长正式认可之"。[⑥]

《私立专门以上学校认可条例》对私立专门以上学校的设置、审批、监督等做了更为详尽的规定，是对《私立大学规程令》对私立大学的办学行为、认可程序等规定的补充和细化。

三、《学校系统改革案》的影响

1922 年，教育部公布《学校系统改革案》，其对私立高校影响最大的规定莫过于"大学校设数科或一科均可，其单设一科者称某科大学校，如医科大学校、法科大学校"[⑦]。各私立专门学校抓住这次机遇，纷纷升格为"大学"。1925 年，

---

① 中国第二历史档案馆. 中华民国史档案资料汇编：第三辑　教育[G]. 南京：江苏古籍出版社，1994，143.
② 同上，142.
③ 同上，143.
④ 同上，163.
⑤ 同上，163.
⑥ 同上，163-164.
⑦ 同上，92.

经教育部批准立案的私立大学有 13 所，经教育部同意试办的私立大学有 14 所，至于未经批准而设立的为数更多。[①]

北洋政府的一系列法规的颁布，昭示了政府开始全面介入私立高等教育领域。既反映了北洋政府对私立高等教育的重视，确立了鼓励、支持私立高等教育发展的基本原则，也体现了政府对私立高等教育进行控制、调整的决心，对私立高校的设立确定了基本的准入制度，对具体的运行也进行了规范和要求，初步形成了管控私立高等教育的政策体系。

第三节　南京国民政府前期的私立高等教育政策
（1927—1937 年）

南京国民政府在形式上确立了对全国的统治后，在教育领域也进行了全面的规范管理。

一、《大学组织法》《大学规程》《专科学校组织法》的规定

1929 年，国民政府相继颁布《大学组织法》《大学规程》《专科学校组织法》，加强对高等学校的控制。一个重要的变化就是由原来的分科制转为学院制，"大学分文、理、法、农、工、商、医各学院"[②]。另一个重要变化是规定"凡具备三学院以上者，始得称为大学。不合上项规定者，为独立学院，得分两科"[③]。据此规定，高等学校分为大学、独立学院和专科学校三种类型，实质上取消了原来的单科大学制。

二、《私立大学、专科学校奖励与取缔办法》之规定

1930 年，国民政府颁布《私立大学、专科学校奖励与取缔办法》，这可以说是专门针对私立高校的法规。办学成绩优良的私立大学、学院、专科学校由"中央或

---

① 1934 年中华民国教育部教育年鉴编纂委员会. 第一次中国教育年鉴：丙编 教育概况[K]. 台北：台北宗青出版社，1991：119.
② 中国第二历史档案馆. 中华民国史档案资料汇编：第五辑第一编 教育（一）[G]. 南京：江苏古籍出版社，1994，171.
③ 同上.

省市政府酌量拨款补助，或由教育部转商各庚款教育基金委员会拨款补助"①。勒令取缔的情形有三：一是未立案私立高校，不遵令如期呈请立案；二是办学不合规定标准或亏空巨大，情形重大或受警告后经过若干时期仍未改善者；三是新创立私立高校未按规定先行呈请设立者。②这部法规的颁布，遏制了私立高校滥设的局面。

三、《私立学校规程》之规定

民国政府顺应时代潮流，颁布了一系列法规，将私立教育纳入国家教育体系，建立了董事会制度。

（一）将私立教育纳入国家教育体系

文件第一条就规定"私人或团体设立之学校为私立学校，外国人设立之学校亦属之"③。私立学校的开办、变更、停办，"须经主管教育机关之核准"。私立专科以上学校，以"教育部为主管机关"。④

对外国人在华办学进行了限制。比如，规定外国人在华设立的中等以上学校，"须以中国人充任校长或院长"⑤。并且在意识形态上做了严格规定："私立学校不得以宗教科目为必修科及在课内作宗教宣传，宗教团体设立之学校内如有宗教仪式，不得强迫或劝诱学生参加"⑥。

（二）董事会与国家关系

私立高校董事会的设立是国家的硬性要求，董事会是学校的最高领导机构，"校董会为其设立者之代表，负经营学校之全责"⑦。校董会应当将名称、目的、事务所在地、校董会之组织及其职权之规定、资产或资金或其他收入之规定等事项，呈经"主管教育行政机关核准"⑧。此外，校董会职权，校长的选聘，学校的

---

① 中国第二历史档案馆. 中华民国史档案资料汇编：第五辑第一编 教育（二）[G]. 南京：江苏古籍出版社，1994，180.
② 同上.
③ 同上，41.
④ 同上.
⑤ 同上.
⑥ 同上.
⑦ 同上，9.
⑧ 同上，9.

解散、变更等均须征得"教育行政机关许可"[①]。

（三）董事会职权

政府通过法规规定了董事会的两项最重要的职权，一是财权，一是校长选任权。校董会关于财权的内容是"经费之筹划；预算及决算之审核；财产之保管；财务之监察；其他财务事业"[②]。筹款是董事会最重要的职责，已成朝野共识。行政方面的职权是"由校董会选任校长完全负责"，同时规定"校董会不得直接参与"。如若校长失职，"校董会得随时改选之"。[③]董事会有选任或罢免校长的权力，但不能直接插手校内行政事务，建构董事会领导下的校长负责制。

（四）《私立专科以上学校补助费分配办法大纲》的规定

1934 年，政府颁布《私立专科以上学校补助费分配办法大纲》，开始对私立高等学校进行国家补助，私立高校享有与公立高校同等的待遇。补助条件是"以立案私立专科以上学校之办理成绩优良而经济困难，未得公私立机关之充分补助者为限，同时注重理工农医之发展（每年至少应占全部补助费百分之七十），并酌量顾及地域之分配"[④]。

这一时期，国家权力渗透到学校的方方面面，通过对私立高校的强制立案、过程控制和加大激励，从政治和经济两个层面，加大对私立高校的管控。私立高校得以合法、快速地运行。教育部 1931 年高等教育概况报告中提到对私立高校的整顿，"在前数年中私立大学之设立有如雨后春笋，不可制止，但经本部一年来之取缔，合格者已立案，不合格者亦大都停闭。其尚未停闭亦未立案者，已限于本年暑假期满前呈请立案，是旧设之私立大学已渐上轨道。至新设之大学及专科学校均须受本部之指导，不能如从前之可随意开办矣。"[⑤]至 1936 年，全国共有高等学校 108 所，其中私立高等学校 53 所，占全国高等学校的 49%，与公办学校平分

---

① 同上，9-12.
② 同上，11.
③ 同上，11.
④ 宋恩荣，章咸. 中华民国教育法规选编[M]. 南京：江苏教育出版社，2005，397.
⑤ 中国第二历史档案馆. 中华民国史档案资料汇编：第五辑第一编 教育（二）[G]. 南京：江苏古籍出版社，1994，278.

秋色，不论是数量还是质量方面。

第四节 抗日战争时期南京国民政府的私立高等教育 政策（1937—1946 年）

一、抗日战争时期教育方针

抗日战争以来，我国高等教育最集中的平津地区和宁沪杭地区均沦落敌手，至 1939 年 4 月，私立高校死伤 50 人，财产损失 22 662 712 元。[①]高等教育何去何从，成为政府和时人不得不思考的问题。私立大学大厦大学校长欧元怀认为："大学在炮火的炽炼中，变为抗战的累赘，需要予以廓清。"[②]北京大学校长张申府主张，大学应该改为研究性质，以国家社会种种现实需要为研究题目。[③]但是，以重庆大学校长胡庶华为代表的群体认为，大学的历史使命是研究高深学问，是培养各种专门人才，将大学改办为各种短期培训班、夜训班，是根本改变大学的性质，无异于停办大学。[④]教育界议论纷纷，莫衷一是，但蒋介石一锤定音。蒋介石在第三次全国教育会议上指出："我们切不可忘记战时应做平时看，切勿为应急之故，而就丢却了根本。"[⑤]由此，"战时应做平时看"，成为国民政府抗战时期的基本方向，并贯彻始终。

二、高校内迁

《战时各级教育实施方案纲要》明确提出"对于全国各地各级学校之迁移与设置，应有通盘计划，务与政治、经济实施方针相呼应"[⑥]。据此，国民政府对高

---

① 中国第二历史档案馆编. 中华民国史档案资料汇编：第五辑第二编 教育[G]. 南京：江苏古籍出版社，1994，375-377.
② 欧元怀. 抗战十年来中国的大学教育[J]. 中华教育界，1947，复刊 1（1）：1.
③ 胡门祥. 论张申府的战时教育思想[J]. 教育评论，2007，5：115-118.
④ 杜元载. 革命文献：第六十辑抗战时期之高等教育[Z]. 台北：中央文物供应社，1972，4：159.
⑤ 陈钊. 国民政府战时教育方针在大学中的反响[J]. 南京理工大学学报（社会科学版），2007，（6）：66-71.
⑥ 宋恩荣，章咸. 中华民国教育法规选编[M]. 南京：江苏教育出版社，2005，682.

校进行了迁移。北京大学、清华大学、私立南开大学先迁往长沙，后去昆明，组建了西南联合大学；北平大学、北平师范大学、北洋工学院，组建西安临时大学，后迁汉中，组建西北联合大学。私立高校也在政府的统筹安排之列，复旦大学、金陵大学、齐鲁大学、武昌中华大学、朝阳大学、金陵女子文理学院、文华图书馆专科学校、武昌艺术专科学校、光华大学成都分部，迁移至四川；北平民国专科学校迁到湖南；武昌华中大学移居云南；无锡国学专科学校迁至广西；私立大夏大学迁往贵州；岭南大学、广东光华医学院、广州大学九龙分教处、私立广东国民大学青山分教处移至香港；广州大学、广东国民大学、福建协和学院、福建学院、华南女子文理学院分别在本省进行了转移。[①]通过政府的战略布局，在西部陆续设立了 40 多所高校（见表 3-1）。抗战结束后，除 9 所高校迁移或被撤销外，其余 34 所留在了西部。[②]对于西部大开发，调整全国高等院校合理布局起到了重要作用。

表 3-1　抗战期间西部新设高校分布图

所属区域	增设校数
四川	17
西康	1
贵州	3
云南	2
广西	3
陕西	10
甘肃	1
新疆	1
鄂西	1
湘西	3

资料来源：余子侠，冉春. 中国近代西部教育开发史——以抗日战争时期为重心[M]. 北京：人民教育出版社，2005：231.

---

① 中国第二历史档案馆编. 中华民国史档案资料汇编：第五辑第二编　教育[G]. 南京：江苏古籍出版社，1994，745-746.
② 余子侠，冉春. 中国近代西部教育开发史——以抗日战争时期为重心[M]. 北京：人民教育出版社，2005，179.

三、政府资助

不论是内迁的过程还是迁驻内地之后，国民政府都对私立高校进行了物质资助。政府颁布了《私立专科以上学校战区学生贷金暂行规则》，贷金制度延伸至私立高校学生。颁布《非常时期国立中等学校及省立专科以上学校规定公费办法》，取消贷金制，实行公费制。私立专科以上学校新生，依照下列比例给予公费：（一）医、药、工各院科系学生，以 70%为乙种公费生；（二）理、农各院科系学生，以 50%为乙种公费生。[1]复旦大学享受贷金的学生与免收学费的学生占在校生的 30%。[2]陈立夫曾说过："此项支出费用浩大，几乎超出全体教育文化经费二分之一……据统计，战时由中学以至大专学校毕业全赖国家贷金或公费完成学业者，共计十二万八千余人之多。"[3]贷金制度、公费制度的推行，对大后方私立高校的发展至关重要，是私立高校得以延续发展的关键物质因素。

四、强化意识形态教育

国民政府除继续实施党化教育、组织三青团外，1938 年又颁发了《青年训练大纲》和《高中以上学校新生入学训练实施纲要》，明确要求学生必须"信仰三民主义，拥护国民政府，服从蒋委员长之领导"[4]。如果发现学生"确有不堪造就者，得按其情节之轻重，令其退学或编为试读生"[5]。是年 9 月，政府又颁布《训育纲要》进一步指示，以此，进一步控制教职员工和广大学生的思想，大学的民主、自由空气渐渐淡薄。

抗战时期，国库困窘，但政府依然对各私立大学从学校到教师、学生给予了资助。虽然，各校分配不均，总量不大，但在法律层面上，实现了公立高校与私立高校平等对待。从另一个层面上讲，私立高校在这个时期，学生减少，经费入

---

① 金以林．近代中国大学研究（1895—1949）[M]．北京：中央文献出版社，2000：262.
② 同上，263.
③ 同上，264.
④ 中国第二历史档案馆编．中华民国史档案资料汇编：第五辑第二编 教育[G]．南京：江苏古籍出版社，1994，157.
⑤ 同上，160.

不敷出，也只能依赖政府的资助，从而得以延续发展。如此，学校也只能接受政府对私立高校的各方面管控。私立高校肇始之时的民主、自由之风渐渐衰落。

第五节　国民政府后期及中华人民共和国初期的私立高等教育政策（1946—1952 年）

一、国民政府后期的私立高等教育政策

解放战争时期，国民政府颁布了《专科学校法》和《大学法》，除强调对私立高校的管控、规范外，与以前相比没有太大的变化。但是，国内连年战争，财政枯竭，私立高校的经费筹措更为艰难，有的无以为继。高校布局、专业设置等，均没有很大的改观。

1947 年，是私立高等教育发展史上最好的时期。高校数量在 10 所以上的有：江苏 11 所、湖北 10 所、四川 14 所、南京市 11 所、上海市 35 所、北平市 13 所、广州市 15 所；西康、甘肃、云南、贵州、新疆分别为 2 所、4 所、3 所、3 所、1 所，总共 13 所，尚抵沿海一个省市。江苏、浙江、广东、南京市、上海市、广州市计 79 所高校，占全国高校的 38%；仅上海一市就占了全国高校的 17%[1]，高校区域布局明显不合理。

私立大学学生总数为 58 156 人，文、法、商、教育等文类学生 43 409 人，占全部学生的 75%，理、工、农、医仅占 25%不到；私立学院文类学生 37 255 人，占私立学院学生的 74%；私立专科学校文类学生 1255 人，占私立专科学生总数的 73%。[2]大致情形都差不多，文、实差距巨大，说明专业学科布局严重不均，受美国通才教育思想影响严重，重文法，轻理工。

私立高校 79 所，学生 58 156 人，校均学生 736 人；同期，国立高校 74 所，

---

① 中国第二历史档案馆编. 中华民国史档案资料汇编：第五辑第三编 教育[G]. 南京：江苏古籍出版社，1994．624-625.
② 同上，628-629.

学生 81 153 人，校均学生 1097 人。[①]两相比较，差距巨大。私立高校的经费主要靠学费，学生的多寡直接决定着私立高校的生死存亡。

综上，虽然局部地区私立高校还在发展，但战争年代，经费筹措困难，生源减少，私立高校的发展异常艰难，所以有的改为国立，有的自动消亡。私立高校布局的不均衡、专业设置的重复、文法比例过重、学生规模较小等，均限制了私立高校的进一步发展。

二、中华人民共和国初期的私立高等教育政策

新中国成立前的北平新政治协商会议，民主协商通过了《北平新政治协商会议共同纲领》，其中规定"人民政府应有计划、有步骤的改革旧的教育制度、教育内容和教学法"。[②]

新中国成立后，对旧有的生产关系进行改造，实质上就是将生产资料的私有制转变成生产资料的公有制。根据马克思主义的基本观点，经济基础决定上层建筑，经济主体的单一化使得私立高校筹资对象多元化的条件逐步消失，只能从私立高校转化成公办高校。当然，还有政治上的因素，国家高等教育资源分布不均、专业课程不合理、私立高校规模小等综合因素导致私立高校在大陆消亡。

1950 年，在第一次全国高等教育工作会议上，教育部长马叙伦指出："我们要在统一的方针下，按照必要和可能，初步地调整全国公、私立高等学校或某些院系，以便更好地配合国家建设的需要。我们对私人办的私立高等学校，除办理成绩太坏者外，一律采取积极维持和逐步改造的方针，对于其中成绩优良而经济困难的院系，一定要予以可能的补助。"[③]由此，开启了院系调整的序幕。1951 年至 1953 年底为全面调整时期。至 1953 年年底，全国已有 3/4 的高校进行了院系调整和专业设置的工作。在院系调整中，私立大学全部改为公立。院系调整至此，

① 中国第二历史档案馆编. 中华民国史档案资料汇编：第五辑第三编 教育[G]. 南京：江苏古籍出版社，1994. 626-627.
② 中央教育科学研究所. 中华人民共和国教育大事记（1949—1982）[M]. 北京：教育科学出版社，1983：3-4.
③ 转引自[日]大冢丰. 现代中国高等教育的形成[M]. 北京：北京师范大学出版社，1998：91.

学校的性质和任务较前明确，打下了发展专门学院、巩固与加强综合性大学的基础，特别是加强和发展了高等工业学校，新设了钢铁、地质、冶矿、水利等 12 所工业专门学院。①

表3-2　1953年院系调整后全国高等学校校数统计表（截至1953年年底）

学校类别	总计	华北	东北	华东	中南	西南	西北	内蒙
合计	182	40	25	50	33	19	13	2
综合	14	3	1	4	2	2	2	
工业	38	11	5	13	5	3	1	
师范	31	6	4	8	6	4	2	1
农林	29	5	4	8	6	2	3	1
医药	29	4	4	9	9	2	1	
财经	6	1	2	1	1	1		
政法	4	1		1	1	1		
语文	8	2	2	1	1			
艺术	15	4	2	4	2	2	1	
体育	4	1		1	1	1		
民族	3	1	1				1	
其他	1	1						

资料来源：秋雁，杨新. 解放初院系调整大事记（1949—1953）[J]. 辽宁高等教育研究，1982，1：119-214.

　　第一次院系调整，建立起来了全新的高等教育体系，高校布局相对合理，工科教育彰显，得到长足的发展。方然，亦有弊端，比如将65所私立高校均改造成公办高校，改变了原来公办高校、私立高校、教会高校三足并立、竞争发展的格局，这样既不利于高等教育系统的发展和完善，挫伤了民间办学的积极性，也增加了政府的财政负担。

---

① 中央教育科学研究所. 中华人民共和国教育大事记（1949—1982）[M]. 北京：教育科学出版社 1983：71.

第四章　近代私立高校内部治理体系研究

随着西学东渐，高度发达的美国高校董事会制度传入中国。民国政府建章立制、因势利导，使其嫁接于社会转型中的民国私立高校。民国政府在董事会的组成、职权、任期、会议，以及与校长关系等方面移植、演进了美国高校董事会制度，并使其具有中国特点，显示了民国政府对董事会的强力控制。近代私立高校董事会制度的建构，对于当下民办高校重构董事会制度具有诸多启迪作用。

第一节　近代中国私立高校董事会建构

现今，我国民办高校正处于从规模建设向内涵建设的转轨时期，董事会制度的运行关系到民办高校的现代转型。近代私立高校董事会制度建于民国初年，发展完善于抗战前十年，终结于 1952 年的"院系调整"。探讨近代私立高校董事会制度的设立、架构与运行，对当今民办高校董事会制度建设具有重要启迪作用。本文所讲的近代私立高校不包括教会高校和外国人在华创办的私立高校，仅限于国人自办的私立高校。

一、缘起背景

（一）西学东渐的产物

中国近代私立高校的萌生与董事会制度的初建均是西学东渐的产物。自 1902 年第一个教会大学"广文大学"在华落地，至 20 世纪 20 年代，中国 80%以上的大学均是教会大学。金陵大学、燕京大学、之江大学、岭南大学等均采用董事会领导下的校长负责制，成为中国近代私立高校的文化引领。伴随着 20 年代教育权利的收回和大批留美学子的归来，成熟而完善的美国高校董事会制度被移植到中国，成为私立高校的文化选择。

（二）社会转型与"教育救国"思潮的影响

随着中国民族资本主义经济的发展，近代市民社会渐趋形成。一批怀抱救国理念的民族资本家和文化界人士主动顺应教育现代化进程，创办厦门大学、江南大学、南开大学、武昌中华大学等，以救亡图存，教育兴国。同时，随着对外开放程度的不断扩大，中外文化交流逐渐加深，采用董事会制度已成教育界同仁的共识。

（三）民主观念与权威政府的推动

民国以降，教育民主化观念渐成主流，不论民间还是政府都对私立高校予以尊重，政府官员创办大学已属平常，如民国学院。由于财政方面的困难，政府允许私人办学，在政策上、经费上予以支持。宽松的外部环境，使得私立高校可以采用推崇的董事会制度。民国政府通过颁布《私立大学条例》《私立大学校董会条例》等，将私立高校纳入与公立大学同等地位的国家教育体系，在整顿、控制的同时，也将董事会制度通过立法予以规范。

二、董事会治理

（一）建章立制

民国政府顺应时代潮流，颁布了一系列法规，建立了董事会制度。1913 年颁布的《私立大学规程》是关于私立大学的第一个成文法，但没有提及董事会制度。1924 年颁布的《国立大学校条例》第十三条规定："国立大学校得设董事会，审议学校进行计划及预算、决算暨其他重要事项。"[1]同时在附则第二条规定"私立大学校应参照本条例办理"[2]。这是确认私立大学采用董事会制度之肇始。1926年颁布《私立学校规程》和《私立学校董事会设立规程》，这是第一次正式提出私

---

① 中国第二历史档案馆编. 中华民国史档案资料汇编：第三辑 教育[M]. 南京：江苏古籍出版社，1994，174.
② 同上，175.

立大学董事会问题。但国内南北对峙，广东国民政府偏于东南一隅，无实践之基础。1928 年，南京国民政府统一全国后，颁布了《私立学校条例》和《私立学校校董会条例》，对 1926 年广东国民政府颁布的内容进行了再一次强调。虽然在1929 年、1933 年、1943 年和 1947 年四次对 1926 年的《私立学校规程》进行过修订，但没有实质性变化。通观各法规条文，民国政府引进并变造了美国董事会制度，使其适应本国国情。董事会最重要的职责，即财权和校长任免权没有变化。

（二）董事会与国家关系

私立高校董事会的设立是国家的硬性要求，董事会是学校的最高领导机构，"校董会为其设立者之代表，负经营学校之全责"①。校董会应当将名称、目的、事务所在地、校董会之组织及其职权之规定、资产或资金或其他收入之规定等事项，呈经"主管教育行政机关核准"②。此外，校董会职权，校长的选聘，学校的解散、变更等均须征得"教育行政机关许可"③。国家甚至可以决定校董会改组与存废，"校董会发生纠纷以致停顿时，得由主管教育行政机关令其限期改组。遇必要时，得经由主管教育行政机关改组之。"④相对于美国，民国私立高校面临着政府的强力调控，董事会制度亦不得不根据政策的变化而被动接受本土化的改造。

（三）董事会内部治理

1. 董事会组织

《修正私立学校规程》规定"设立者为当然校董，设立者人数过多时，得互推一人至三人为当然校董"⑤。董事会名额"不得过十五人，应互推一人为董事长"⑥。为了避免设立者擅权，要求"至少须有四分之一之校董，以曾经研究教育

---

① 私立学校校董会条例[J]. 大学院公报，1928，1（3）：9.
② 同上.
③ 同上，9-12.
④ 中国第二历史档案馆编. 中华民国史档案资料汇编：第五辑第二编 教育[G]. 南京：江苏古籍出版社，1994，43.
⑤ 同上，41.
⑥ 同上，42.

或办理教育者充任"①。为防止私立高校不当竞争，亦为防范政府对私立高校的粗暴干预，明文规定"现任主管教育行政机关及其直接上级教育行政机关人员，不得兼任校董"②。

各私立高校均遵循校董会不超十五人的严格规范，但具体构成又有不同。复旦大学校董会注重民主化管理，除校长为当然校董外，"同学校董七人，其他校董七人"③。此外，还包括名誉校董，由董事会在"有热心教育，捐助本校万元以上或曾尽相当义务于本校者"④中推选。董事会机构设置"主席一人，审计一人，书记一人"⑤，都由推举产生。文琦染织专科学校校董会，还设有"常务校董一人"⑥，协助董事长掌理董事会会务。

2. 董事会职权

政府通过法规规定了董事会的两项最重要的职权，一是财权，一是校长选任权。校董会关于财权的内容是"经费之筹划；预算及决算之审核；财产之保管；财务之监察；其他财务事业"。⑦筹款是董事会最重要的职责，已成朝野共识。教育部在改进私立复旦大学的训令中指出："经费颇多亏空，亟应由董事会设法筹措。"⑧行政方面的职权是"由校董会选任校长完全负责"，同时规定"校董会不得直接参与"。如若校长失职，"校董会得随时改选之"。⑨董事会有选任或罢免校长的权力，但不能直接插手校内行政事务，建构董事会领导下的校长负责制。国家还加强了对学校财务方面的监控，要求董事会在每会计年度终结后一个月内，将财务状况上报教育行政机关备案；并且指出"教育行政机关于必要时，得查

---

① 中国第二历史档案馆编. 中华民国史档案资料汇编：第五辑第二编 教育[G]. 南京：江苏古籍出版社，1994，42.
② 同上.
③ 校董会重订规程[J]. 复旦大学校刊，1934-3-20（1）.
④ 同上.
⑤ 同上.
⑥ 上海县私立文琦染织专科学校第一次校董会[J]. 染纺织周刊，1938，2（31）：1454.
⑦ 私立学校校董会条例[J]. 大学院公报，1928，1（3）：11.
⑧ 中国第二历史档案馆编. 中华民国史档案资料汇编：第五辑第一编教育[G]. 南京：江苏古籍出版社，1994. 220.
⑨ 私立学校校董会条例[J]. 大学院公报，1928，1（3）：11.

核校董会之财务及事务状况"①。各董事会章程对其职权的规定无外乎以上几项。

3. 董事会任期与会议

民国政府的法律法规中虽都没有关于私立高校董事会任期和会议的相关规定，但各董事会章程中均有详细规定。董事的任期不一，复旦大学校董会董事任期为"二年"②，文琦染织专科学校校董任期为"三年"③，均是连选连任。大夏大学校董会成员"任期为六年，第一届校董任期分为二年、四年、六年，以抽签定之，每二年后改选三分之一，得连选连任。"④董事任期至"常会改选新职员后满任"⑤。对于不能履职的董事予以清理，如复旦董事会章程规定"缺席三次而未推代表出席者，得另推新校董补充之"⑥。

董事会每学期召开常会一次，由董事长负责召集。若有必要，或由"主席得召集临时会议"⑦，或"有校董三人之提议得召集临时会议"⑧。董事缺席，"得推他校董为代表"，但"以代表一人为限"⑨。重大事项的表决，以"校董过半数之出席及出席半数以上之同意"⑩方能通过。名誉校董由董事会"邀其列席"⑪，只有建议权，没有表决权。

（四）以校长为首的管理系统

校长由董事会聘任，全权处理校内事务，是行政最高领导者。校长的任职资格为符合"在外国大学毕业者；在国立大学或经教育部认可之私立大学毕业，并积有研究者；有精深之著述，经中央学会评定者"之一，并且"曾任大学教员一年以上者"⑫。

① 私立学校校董会条例[J]. 大学院公报，1928，1（3）：12.
② 校董会重订规程[J]. 复旦大学校刊，1934-3-20（1）.
③ 上海县私立文琦染织专科学校第一次校董会[J]. 染纺织周刊，1938，2（31）：1454.
④ 校董会章程[J]. 大夏周报，1934，10（16）：1.
⑤ 上海县私立文琦染织专科学校第一次校董会[J]. 染纺织周刊，1938，2（31）：1454.
⑥ 校董会重订规程[J]. 复旦大学校刊，1934-3-20（1）.
⑦ 校董会重订规程[J]. 复旦大学校刊，1934-3-20（1）.
⑧ 上海县私立文琦染织专科学校第一次校董会[J]. 染纺织周刊，1938，2（31）：1454.
⑨ 校董会重订规程[J]. 复旦大学校刊，1934-3-20（1）.
⑩ 校董会重订规程[J]. 复旦大学校刊，1934-3-20（1）.
⑪ 校董会重订规程[J]. 复旦大学校刊，1934-3-20（1）.
⑫ 中国第二历史档案馆编. 中华民国史档案资料汇编：第三辑　教育[G]. 南京：江苏古籍出版社，1994，142-143.

私立高校的性质决定了其机构设置简约而有效，这一点在《第二次中国教育年鉴》中体现得尤为明显。现举例说明，私立光华大学"校长由校董会选聘，下设训导长、教务长、总务长各一人，训导处分管理、体育、卫生、生活指导四组，教务处分注册组、图书馆，总务处分文书、事务二组"[①]。行政机构的精简高效，也得到了教育部督学的高度评价。高其冰视察私立民国大学后给教育部的报告中指出："教务长欧阳毅，渥海渥州大学工科博士……人甚精练，对于注册管理，课程支配，教学领导，及学生成绩考核等，都能认真办理。训导长周世辅……精干沉毅，做事有经验，有计划，有方法，就学生一般生活纪律之表现，而知训导工作卓有成绩。总务长宋兰阶，沉着稳练，作事甚有条理。"[②]

根据《大学令》的要求，各私立高校也设立了由各科学长、正教授及教授互选组成的评议会。校长是评议会的当然会长，可"随时召集评议人"[③]。校行政系统与校学术系统相互制衡，避免专断。同时，由于校长既是校行政体系的最高领导人，又是校学术体系的最高负责人，便利了行政与学术的沟通。

三、现代启迪

（一）董事会成员多元化建设

民国私立高校注重吸收政府官员、工商界人士和知名知识分子加入董事会，不仅加强了与社会的联系，而且拓宽了筹资渠道。大夏大学董事有王伯群、王志莘、王毓祥、何应钦、杜月笙、马君武、张竹平、杨永泰、傅式说、欧元怀。[④]董事的名额，国家有限定，不可增多，但民国私立高校创造性地增设名誉董事一职，实收董事实效。大夏大学名誉董事有王一亭、吴稚晖、吴蕴斋、任稷生、汪精卫、邵力子、何纵炎、周守良、胡孟嘉、胡文虎、梁燊南、徐新六、徐寄庼、陈光甫、

---

① 中华民国教育部教育年鉴纂委员会. 第二次中国教育年鉴：第五编 高等教育 第一章 综述[K]. 上海：商务印书馆，1948：173.

② 中国第二历史档案馆编. 中华民国史档案资料汇编：第五辑第三编 教育[G]. 南京：江苏古籍出版社，1994，274-275.

③ 中国第二历史档案馆编. 中华民国史档案资料汇编：第三辑 教育[G]. 南京：江苏古籍出版社，1994，169.

④ 校董会重要消息[J]. 大夏周报，1934，10（16）：1.

马君武、张君劢、张公权、黄绍雄、叶楚伧、荣宗敬、虞洽卿、赵晋卿、赵恒锡、刘书蕃、刘文辉、钱新之、戴培基、戴培元，[①]抑或有政府要员、商界巨子、社会名流、学界高知，组成多元，阵容强大，功不可没。但是，当今民办高校董事会的成员来源单一，构成较简单；可借鉴民国私立高校的做法，保持董事会的开放性，吸纳政界、教育界、经济界和社会名流加入，扩大学校的社会影响力，吸引各界投资；同时，留一定的名额给教师、学生和家长等利益相关者，促进决策层的科学化、民主化。

（二）规范董事会外部治理

民国政府通过法律法规对私立高校董事会的外部治理做出了规范，明确了董事会的职能、权限，董事的准入、任期等制度和程序，有利于董事会的良性运转。特别是明确规定董事会负责选聘校长负责校内事务，不得干预具体行政，这项规定值得今天民办高校借鉴。同时，校长兼任董事会董事的制度制定，有利于实现董事会与校长间的有效沟通，建立稳妥的制衡与交流机制。当下民办高校也应吸纳校长进入董事会，厘清董事会与校长的职责权限，特别是界定董事长与校长的关系，避免道德风险和逆向选择，真正将董事会领导下的校长负责制落到实处。

（三）重视董事会内部治理

制定科学、合理的议事规则与议事程序，是董事会内部治理的重要内容。长期以来，不论是理论界还是实务界均极为关注董事会的外部治理，却对内部治理认识不够，意识不强。《中华人民共和国民办教育促进法实施条例》第二十条做了原则性规定："民办学校的理事会、董事会或者其他形式决策机构，每年至少召开一次会议。经 1/3 以上组成人员提议，可以召开理事会、董事会或者其他形式决策机构临时会议。"对重大事项的讨论，应当"经 2/3 以上组成人员同意方可通过"。在实践中，各校规定各异，甚至是毫不遵循。学校可借鉴民国私立高校的做法，进一步修改相关规章制度，进一步明确董事会的法定开会人数，重大事项和一般事项的表决程序、表决方式，缺席代表的处理程序与方式；还应考虑董

---

① 校董会重要消息[J]. 大夏周报，1934，10（16）：1.

事会依法定程序通过董事长不同意、不报送的现实难题。建议国家建立相应的预防与干预机制，正确处理好董事会与国家的关系。

第二节　民办高校董事会制度重构研究

清末民初，私立高校渐兴，多采用美国董事会制度。20 世纪三四十年代，董事会制度渐趋完善。50 年代，"院校调整"，私立高校趋于沉寂，董事会制度中断。80 年代，伴随着改革开放，民办高等教育破茧重生，董事会制度成为一种应然选择。19 世纪 80 年代以降，董事会制度在民办高校陆续重建。由于具体国情的调适和法律的不完备，民办高校董事会制度在运行中存在诸多问题。因此，着力优化董事会结构、规范董事会与校长关系、设置监事会机构、厘定董事会与党委的关系就成为重构董事会制度的主要策略。探讨董事会制度的现代演进、运行中存在的问题及重构对策，具有重要的现实意义。

一、民办高校董事会制度的现代演进

民办高校董事会的成立既是民办高校加强内部治理的制度调试，更是国家政策对民办高校领导体制重塑的结果。1982 年宪法第十九条规定："国家鼓励集体经济组织、国家企业事业组织和其他社会力量依照法律规定举办各种教育事业。"这应是国家鼓励创设民办高校的肇始。

1993 年 8 月 17 日颁发的《民办高等学校设置暂行规定》第十六条申请筹办民办高等学校须报送的材料中第三点提到"实行董事会制度的学校，还须报董事会章程和董事长、董事名单及资格证明文件"。这说明已有民办高校实施董事会制度，当然，是否实行董事会制度并不是国家的硬性要求，而是民办高校的自主选择。

1997 年 7 月 31 日发布的《社会力量办学条例》第二十一条规定教育机构"可以"设立校董会，并规定了校董会的职能、组成、推选办法以及禁止规范；第二十二条规定了校长的任职条件，推举办法；第二十三条规定了亲属回避制度。以上条款，预示着国家开始对民办高校进行制度引领，力图重塑董事会制度。当然，这些并非是强制规范。

2003 年 9 月 1 日生效的《中华人民共和国民办教育促进法》，取代《社会力量办学条例》，延续和完善了董事会制度。第十九条明确规定民办学校"应当"设立学校理事会、董事会或者其他形式的决策机构，第一次立法规定设立董事会（理事会或其他形式的决策机构）是民办高校的必然选项，并且对于董事会（理事会或其他形式的决策机构）的组成、产生办法、职权和校长的职权都做了明确规定。

2004 年 4 月 1 日又出台了《中华人民共和国民办教育促进法实施条例》，对《民办教育促进法》做了进一步的具体规范。对董事会（理事会或其他形式的决策机构）的职权、会议制度、议事规则、校长权力都做了进一步的规定。由于法律规定的可选择性，现实中民办高校的最高决策机构名称不一。

二、民办高校董事会制度运行中存在的问题

（一）董事会组成结构有待进一步完善

民办高校被"外部人控制"的现象较为普遍，董事会组成以投资创建者为最，50%以上人员为创建者或其代表；亦有均是创建者或其代表组成的，并没有真正落实法律规定的由创建者或者其代表、校长、教职工代表等人员组成，家族式管理比较严重。主要投资者担任董事长、校长或党委书记，更有甚者，身兼董事长、校长和党委书记三个职务。董事会成员来源较为单一，董事会的名人雅士多为名义董事，或为应付国家规定，或为装点门面。董事会内部治理结构缺失，董事会成为出资者的工具，不能很好地发挥决策职能；也不能实现董事会构成的多元化，缺乏沟通社会的能力。

（二）董事会、校长职责不明，运行不畅

我国民办高校大都实行董事会领导下的校长负责制，但由于法律仅作原则性的规定，因而缺乏具体明确的权责与运行机制，致使董事会与校长存在冲突。在现实中，董事长兼任校长非常普遍，集决策与执行于一身，虽然提高了效率，但潜藏着巨大的风险。从制度经济学的视角看，董事会领导下的校长负责制，实质上是委托代理理论在民办高校治理上的一种表现形式。由于我国民办大学多是投

资办学，而非捐资办学，因而作为委托人的董事会追求资本的不断增值以及学校的可持续发展所带来的社会效益的最大化。作为代理人的校长更多地是强调遵循高等教育发展规律，加大教育教学投入，谋求教育质量的进一步提高。所以，在二者的权力运行中，不可避免地出现矛盾和冲突。董事会或董事长权力越界，直接干预校长的行政事务，特别是安插亲信担任财务、人事领导，致使校长权力受限。当然，也有校长权力过于膨胀，形成"内部人控制"，致使董事会决议难以落实。凡此种种，都影响着民办高校的顺利发展。

（三）董事会运作缺乏有效的内部监督机制

《民促法》及其实施条例对董事会的组成、运作虽有原则性的规定，但未规定监管机构的设置，这不能不说是一种缺憾。由于没有法律的硬性要求，所以设立监事会的民办高校很少。即便是设立监事会的民办高校，亦是问题多多。监事会的组成人员单一，多是出资者，少见教师代表和学生代表。更有甚者，监事会成员同时也是董事会成员，监事会对董事会的监督功能基本丧失。缺乏权力制衡的民办高校，决策机构高高在上，几乎不受约束，既增加了决策风险，也加大了民办高校的管理难度。

（四）董事会与党组织关系不够协调

民办高校党建工作具有较大的特殊性，党委不再处于领导核心位置。在董事会领导下的校长负责运行体制中，如何发挥党委的政治核心作用和监督保证作用，需要认真研究。民办高校党委机构设置简单，人员较少，多由行政人员兼任，不利于实现党委的监督保障职能。学校虽然设立了相关机构，但多是因为国家的硬性要求，其地位和职能均被严重弱化，很难参与学校重大问题的决策，沦为董事会的附属机构。在具体的运行中，党委机构多受到董事会的制约，经费不足，人手不够，活动开展不多，作用得不到应有的发挥。

三、民办高校董事会制度重构对策

（一）优化董事会结构

弗里曼（Freeman）对利益相关者的定义最为经典，他认为利益相关者是能够影响一个组织目标的实现，或者受到一个组织实现其目标过程影响的所有个体和群体。根据其利益相关者理论，民办高校董事会的构成应该是多元化的。为保证学校的正常运转和资金的充裕及其正确使用，应有投资者或其代表；为正确领会董事会意图并能按教育规律办事，便于与董事会沟通顺畅，应有校长参与；为加强学校与社会的沟通，应有社会专业人士参加，既易于融资，亦有利于董事会决策的科学化；党委书记应是董事会成员，便于协调各方，坚持社会主义办学方向；除此之外，应积极吸纳教师代表和学生代表，维护师生合法权益。利益相关者共同参与治理，有助于照顾各方利益，提升董事会的决策水平。建立、健全董事会会议制度和运行程序，真正做到民主决策，防止董事会沦为出资者的工具。在立法层次，应明令禁止董事长兼任校长或党委书记，以免监督缺失；对出资者亲属进入董事会的人数和资格做一定的限制，防止决策机构虚化。

（二）真正落实董事会领导下的校长负责制

内部制衡机制的构建，最主要的是要规范董事会与校长的权力边界，明确各自的职责，既要防范董事会干预学校具体行政事务，又要防止校长脱离董事会自行其是。在董事会强势的背景下，应进一步加强以校长为代表的校务委员会和学术委员会建设，渲染民主氛围，增强教育行政的博弈力量。在制度安排上，校长应进入董事会，以便与董事会成员直接交流，既提高董事会决策的科学化水平，也利于提高行政系统的执行效率。在客观现实中，校长更需要以自身的人格魅力、治学才能积极推动与董事会的沟通，让董事会明白校长追求教育质量的提升，有利于学校层次的提升和知名度的提高，能最大限度地实现社会价值，这与董事会的目标是一致的。董事会与校长的目标一致、信任有加，并建立稳定、有效的沟通机制，有助于真正落实董事会领导下的校长负责制。

（三）设立监事会机构

根据分权制衡理论和利益相关者理论，建立监事会制度势在必行。监事会的主要监督对象是董事会，因而董事会组成人员不得兼任监事会成员。监事会的组成应包括出资者、政府人员、教职工代表、学生代表、法律人士和会计师，以确保利益相关者都能够参与到学校的监督中来，构建起多层次、多元化的监督治理格局。监事会的主要职责是监督董事会的行为是否符合董事会章程、学校法人财产权是当否得到落实、对校长的任用或解聘是否符合相关程序、招生就业是否规范等，厘清监事会与董事会的职责，使其既相互协作又相互制衡。

（四）摆正董事会与党委的位置

在制度安排上，应明确党委在董事会领导下的校长负责制中应有的地位，避免其缺位，切实发挥政治核心作用，强化党委的监督作用。在政策上，应明令党委书记进入董事会，在董事会就重大问题的决策中拥有发言权，督促决策机构依法治教，坚持社会主义办学方向。民办高校党委要想切实发挥作用，还需要积极寻求上级党组织的支持，将民办高校党建工作列为对民办高校考评的重要指标。更应该认清定位，避免误会，民办高校党委不是学校的领导机构，而是要确立民办高校党委的政治核心作用，就是要落实政治上的领导权、管理上的参与权、运行上的监督权。切实做好工会、共青团、学生会和教职工代表大会的工作，为董事会决策建言献策，积极协调行政部门依法办学，促进董事会、校长与党委的密切配合，相互合作。上海市逐渐形成的"一个地位、三个作用"的民办高校党建工作思路堪称典范。民办高校党组织在学校处于政治核心地位，在学校的党建、思想政治教育工作和德育工作中起领导作用，在学校的办学方向、改革发展和维护各方权益中起保证作用，在学校的依法办学和民主建设中起监督作用。[1]

---

[1] 王恩田，杨月民，杜志良，赵关忠. 民办高校党组织发挥政治核心作用的实践与思考[J]. 思想理论教育，2007，（Z1）：114-118.

第五章　近代私立大学师资建设研究

当今中国的民办高等教育虽已初步形成一定的规模和办学实力，但在各个方面还存在影响民办高等教育发展的制约因素，其中以师资问题最为严重。民国私立大学师资管理有聘任规范、薪酬体系、培训进修、民主治校等制度性规范，以及校长情怀、熟人或准熟人社会关系、派系、个人利益或政治因素等非制度性因素，具有公私并举的制度性安排、师资结构不够合理、师资队伍不够稳定、浓烈的人文关怀等特点。民国私立大学师资管理的经验教训对当下民办高校师资建设具有重要借鉴和启迪意义：注重法律法规建设，营造有利于民办高校健康发展的制度环境；加强师资队伍建设，解决制约民办高校发展的瓶颈；强化人文关怀，增强教师的归属感。

第一节　民国私立大学师资管理制度

本部分拟从制度性安排和非制度性因素两个层面，对民国私立大学的师资聘任、薪酬发放、培训进修、民主治校、人文关怀、政治因素等师资管理做较为全面的梳理，以总结其经验教训。

一、制度性安排

（一）聘任规范

1．师资聘任

各私立大学均按照民国政府颁布的相关法令，结合本校实际，出台了相关教职员聘任规则。学识是选择师资的第一标准，燕大在聘任教师时，并不把个人的种族、国籍、政治观点、宗教信仰当作衡量标准，而是把学识放在首位。[1]1922

---

① 陈远．燕京大学（1919—1952）[M]．杭州：浙江人民出版社，2013：64.

年，燕大制定新的教职员等级资格标准，分正教授、副教授、襄教授、讲师、助教、助理六个级别，"标准严谨，开全国基督教大学之先声"。由于条件和要求严谨，当时燕大仅仅认定了4名教授。[①]五华学院出具正式的聘函及应聘书，让教职员工对职务、职称、任务、专兼等享有知情权。现择取一例予以说明。"敦聘诸祖耿先生担任、李源澄先生担任、罗庸先生兼任、刘文典先生担任、冯翰高先生担任、王灿先生担任、由夔举先生担任、方国瑜先生兼任、旃荫棠先生兼任、缪寄庵先生兼任本院教授。敦聘周均先生兼任本院讲师，刘铁庵先生任本院训育兼教师，方楷先生授先修班课，吴乾先生授先修班课，李埏先生兼任本院副教授，虞慕陶先生担任教务副主任，马子华先生授先修班课，曹公奇先生担任本院训导长，邵子博先生兼任体育教师，李公度、缪子雍、简雨苍、徐述经先生授先修班课，杨镜清、李树模、蔡淑莲、潘礼三、何非、陈晓华、王立本、饶婉宜、王耕陶先生授先修班课，李东平先生兼任本院教授，于乃义先生担任教务长，段贡元先生担任秘书，买祝三先生任体育教员，王兴邦、米宝淑、米宝贤、段锦瑞担任干事。"[②]"（应聘书）兹应私立五华学院之聘，担任授《古文辞类纂》，每周2小时，聘期自36年11月至37年2月。应聘人周均36年11月7日。"[③]光华大学规定续聘须"限满一个月前"，如中途解约，"双方均须先一个月知照"，以便留有空间解决后续问题。当然，如果"课程不满五人概不开班，已送聘约者原约取消。"[④]南开大学解聘人员"皆在学年结束前知照当事者，俾得早作新职洽商。该时各校解聘方式皆略同；从来未闻有抗议或诉诸报章，如在台湾的。"[⑤]

2. 职称评定

职称评聘既关乎教师的学术地位和个人收入，更关系到学校整体学术水平的提升。燕京大学为保持教师的知识水平和业务能力，教师职务分有教授、副教授、讲师、助教、助理五等，而且对不同职务教师的最低学位及经验标准也有严格规

① 陈远. 燕京大学（1919—1952）[M]. 杭州：浙江人民出版社，2013：92.
② 云南省档案馆. 私立五华文理学院档案资料汇编[G]. 昆明：云南大学出版社，2009：99-100.
③ 同上，100.
④ 汤涛. 张寿镛校长与光华大学[C]. 上海：上海人民出版社，2016：212.
⑤ 王文俊. 南开大学校史资料选[C]. 天津：南开大学出版社，1989：77.

定。例如，教授得文学士或理学士者，须教学 9 年，能指导研究院研究工作，得学位后有著作；得文硕士或理硕士者，须教学 7 年，并能指导研究院研究工作，得学位后有著作；得博士者，也须教学 5 年，能指导研究院研究工作，得学位后有著作。对副教授、讲师、助教、助理也均有相应规定。例如，得博士者也须教学一年，方得评为讲师，教学 3 年方得评为副教授，其他相应的工作能力与著作条件类同。另外，学位一项也指明可以"有同等学历或系专门之训练者，以及精通国学之中国学者代替"。至于外籍教师，并无例外，故凡未有相应学位的外籍教师，往往利用休假制度回美国进修，以达到相应的学位标准。由于以上一系列规定和措施，使燕大确实拥有一支阵容强大的高质量教师队伍。据 1928 年秋季开学后的统计，全校教职员和 18 个学系及宗教学院的 156 位教师中，有博士 52 位，硕士 44 位，学士 49 位，进士 1 位，其他 10 位。[①]1931 年 9 月 5 日复旦大学校务会议决议：①教员分教授、讲师、助教三级。本校毕业生留校任教者为助教，三年后得为讲师，又三年得为教授。教员之升级均由教员资格审查委员会提出，校务会议决定。②在国外大学得硕士学位来校服务者，前三年称讲师。③有特别著作或经验者，其分级得由校务会议另定之。[②]

3. 师资来源

私立大学的教职员工都比较少，一方面是因为办学经费的限制；另一方面与创办者建设精干高效教师队伍的思路有关。南开大学教师的来源，主要是一批留美学生。他们之中不少人刚毕业，就被南开大学聘为教授，担任重要的教学任务。到 30 年代，美国留学生在南开大学教师中所占比重越来越大。1930 年，全校教师 41 人，留学美国的 31 人，占 76%，其中博士 14 人，硕士 14 人。[③]另外一部分教师是本校或国内著名大学的毕业生。这些刚刚毕业的青年，一方面得到南开大学著名教授的指导，另一方面在南开大学这样的环境中，较早地承担教学与研究任务，成长较快，能够在很短的时间内就崭露头角。例如，申又枨、吴大猷、吴

① 张玮瑛. 燕京大学史稿[M]. 北京：人民中国出版社，2000：15-16.
② 《复旦大学百年纪事》编纂委员会. 复旦大学百年纪事（1905—2005）[M]. 上海：复旦大学出版社，2005：71.
③ 王文俊. 南开大学校史资料选[C]. 天津：南开大学出版社，1989：119.

大业、吴大任、殷宏章、李锐等。他们从南开大学刚一毕业，就先后留校任教。[1]学校在努力培养专任教师的同时，不断聘任兼课教师。燕京大学新闻系自 1931 年开始，大量聘用校内外专家，尤其是新闻界有声望、有经验的报业专家，著名报人，外国报刊、通讯社驻华记者来系兼课，讲授专业课程或开讲座、做专题演讲，由此形成燕大新闻系的教学传统，并因教师队伍知名度高、实力雄厚获得声誉。[2]1947 年春季，大夏大学教职员工 106 人，其中专任教师 58 人，兼任教师 48 人，兼任教师占 45%。[3]这在私立大学中，专任教师占比算是高的。中华大学因其性质和经费的限制，难以敦聘大师来校长期执教，陈时便利用自己的影响力，特邀梁启超、蔡元培、陶行知、辜鸿铭等名师来校讲演。尤值得一提的是，1920年 11 月上旬，美国教育家杜威由湘返京途中经过武汉时，应邀来中华大学演讲，所讲为实用主义教育理论和美国进步主义教育运动。听众除本校师生外，还有省内教育界人士，济济一堂，反响空前热烈。[4]做讲座、演讲是民国私立大学最普遍、最经济，也是受益面最广的形式。这在《私立五华文理学院档案资料汇编》《大夏大学编年事辑》《复旦大学百年纪事》《张寿镛校长与光华大学》等校史档案中有大量记载。此外，中华大学与同处重庆南岸的中央政治大学、中央警官学校等"密切联络和协作，以交换教授形式互通有无，合理调配"，以解决师资问题。[5]

（二）薪酬发放

私立大学因经费的限制，教职员工的整体待遇相对于国省立大学的要低。1931年，国立大学教师的月薪平均 165.6 元，省立大学 217.5 元，而私立大学仅为 124.3元。抗战前清华大学的月薪，一般在 350 元以上，而南开大学教授月薪大多在 180元至 300 元之间。[6]当然，各大学对于高水平教员薪酬另定，如 1931 年国专聘请"同光派"诗人陈石遗来校上课，每课报酬为二十元银圆，相当于一般教师的 10

① 王文俊. 南开大学校史资料选[C]. 天津：南开大学出版社，1989：119.
② 张玮瑛. 燕京大学史稿[M]. 北京：人民中国出版社，2000：122.
③ 娄岙菲. 大夏大学编年事辑[C]. 上海：华东师范大学出版社，2014：682.
④ 私立武昌中华大学校史编写组. 中华大学[M]. 武汉：华中师范大学出版社，2003：120.
⑤ 同上书，161.
⑥ 南开大学校史编写组. 南开大学校史（1919—1949）[M]. 天津：南开大学出版社，1989：121.

倍，这在全国各大学中也是罕见的。^①私立大学内部的薪金发放标准虽有不同，但
基本思路略同。例如，五华学院教职员薪级表：①专任教员：工警（0—20 元）、
雇员（20—70 元）、职员（40—90 元）、总务长（150—200 元）、训导长（150—
200 元）、教务长（150—200 元）、院长（150—200 元）；助教（40—70 元）、讲师
（70—110 元）、副教授（110—150）、教授（150—200）。②兼任教员以钟点计算，
其数额如下：甲、大学本部兼任教员每小时 15—30 元；乙、先修班教员每小时
10 元，加改卷费国文、英文、数学每班 10 元，理化每班 15 元。③各单位负责主
管另支办公费 10—20 元。④工警每学期发制服一套。⑤兼任职员酌送夫马费。^②薪
金发放分专任和兼任，专任教职员工按月发薪，兼职教职员工按钟点计薪；从薪
酬标准来看，教员的一般都高于职员的。燕京大学 1935 年《修正教职员待遇通则》
规定助理、助教、讲师、副教授、教授每两年加薪一次，分别增加 10、15、15、
20、20 元；^③职员誊录员、速记员及书记每年加薪一次，每次 5 元，课主任及秘
书每两年加薪一次，每次 15 元。^④除了显性薪酬，一般也有一些或多或少的隐形
报酬，南开大学的教师，除主任外，每月 50 至 80 银圆（以 1919 年至 1922 年左
右为例），而且管吃住，并备工友伺候。仅这一点，在大城市里按当时的生活标准，
就相等于工资的四分之一。^⑤在迫不得已减薪时，学校也注重兼顾学校和教师两方
面的利益。黄汉文在《记唐文治先生》中有此记载："唐校长体谅低工资职工的
具体困难，'一·二八'期间，学生减少，学校经费困难，教职员都适当减薪。
他在会议时提出工资在三十元以下者不减。参加会议的主任及教授表示赞成，
低工资者心感老师们的照顾。由于教职员工同心协力，国专在人数少的情况下
办得井井有条。也正由于这个缘故，低工资的员工乐于在国专做事，即使别处
以较高的待遇相邀，也不愿离开。"^⑥

① 刘桂秋. 无锡国专编年事辑[C]. 北京：中国大百科全书出版社，2011：126-127.
② 云南省档案馆. 私立五华文理学院档案资料汇编[G]. 昆明：云南大学出版社，2009：208.
③ 张玮瑛. 燕京大学史稿[M]. 北京：人民中国出版社，2000：1396.
④ 同上，1398.
⑤ 王文俊. 南开大学校史资料选[C]. 天津：南开大学出版社，1989：25.
⑥ 刘桂秋. 无锡国专编年事辑[C]. 北京：中国大百科全书出版社，2011：144.

（三）培训进修

私立大学在声望、规模、待遇不如国省立大学的情形下，聘请年轻学者，予以科研环境，来培育比延揽有声望的人才现实得多。从这一观点来看，"南开大学实有极高的成就"。[①]这些刚刚毕业的青年，一方面得到了南开大学著名教授的指导，另一方面在南开大学这样的环境中，较早地承担教学与研究任务，成长较快，在很短的时间内就崭露头角，如申又枨、吴大猷、吴大业、吴大任、殷宏章、李锐等。[②]燕京大学重视从学生中发现人才，重点培养，毕业后或鼓励他们读研究生，或送到国外深造，学成后留在本系担任教学工作。1936 年，曾经有一位学生报考研究生时英文只得了百分制的五分，按规定根本不可能被录取，但是系主任郭绍虞先生发现他是不可多得的人才，经过和学校交涉，这名学生被破格录取了，他毕业后就留在系里担任教学工作，现在已经成为国际知名的学者。[③]燕京大学重视选送教师和学生出国深造，如谢冰心、许地山、马鉴、齐思和、翁独健、周一良、王钟翰、赵承信、孟昭英、刘承钊、严景耀、郑林庄、林耀华、侯仁之、陈观胜等。他们学成后大部分回燕大任教。[④]燕京大学新闻系与密苏里大学新闻学院的合作除了交换研究生和交换教授，双方承认对方学校的本科学历，毕业生可以直接报考两校的新闻学硕士研究生。[⑤]

（四）民主治校

私立大学通过应聘书让教师知晓自己的权利和义务，如五华学院。"（应聘书）兹应私立五华学院聘，担任授国文，每周 6 小时，聘期 37 年 4 月至 7 月。应聘人刘天行 3 月 15 日"[⑥]"（应聘书）兹应私立五华学院聘，担任教务处及油印工作，聘期 1 年。应聘人孙开文 37 年 9 月 1 日"[⑦]可见，私立大学对教职员工的管理还是比较严格的。

---

① 王文俊．南开大学校史资料选[C]．天津：南开大学出版社，1989：76.
② 同上，119.
③ 同上，81.
④ 同上，15.
⑤ 同上，120.
⑥ 云南省档案馆．私立五华文理学院档案资料汇编[G]．昆明：云南大学出版社，2009：211.
⑦ 同上，213.

从大量史料来看，教师了解学校管理情况的一个重要途径就是校报、校刊。例如，中华大学创办的《中华周刊》、大夏大学的《大夏周报》、燕京大学的《燕大周刊》《燕京大学校刊》、光华大学的《光华年刊》、厦门大学的《厦大校刊》、朝阳学院的《朝阳学院校刊》等，均开设了教员动态、训导处消息、总务处消息、领导讲话等相关栏目，对教师了解相关会议内容、学校政策提供了重要视窗。

除了拥有知情权，教师还拥有参与权。学校颁发的《组织大纲》《评议会章程》《大学章程》等文件，均强调民主管理、教授治学。张伯苓常说："南开，不是校长一人之南开，是大家的南开。""学校一切事，不是校长一人号令，应大家共同商量。"①南开大学教授治校的集中体现是建立教授会与实行评议会制度。②《南开大学评议会章程》规定："本会由校长、大学主任、各科主任及教授会议公举教授一人，校长于教职员中指派二人组成之。"职权主要有"甲、评议本校大政方针；乙、规划本校内之组织；丙、根据本校进款及各科、各系、各课之预算支配用途；丁、承受及评议一切建议案；戊、评议本校其他重要事件。"③为协调学校各部门工作，中华大学又专门建立了校务会议制度，分设考试、课程编制、体育、图书、建筑、经济审定、学生事业、编辑8个委员会，推举教职员代表分别担任各委员会主任和委员，审定校长交议事项，成为民主治校的基本保证。④校务会议制度为教职员工参与学校事务提供了平台，彰显了民主治校的风尚。

二、非制度性因素影响

（一）校长情怀

南开大学校长张伯苓确立了"大学最要者即良教师"⑤的教师观，坚持以"学行并茂，资质与学力兼长者，始能入选"⑥的原则引进、培养师资队伍。复旦校长李登辉认为"必肯牺牲乃有为，必乐服务乃有用，必能团结乃有力，而以不自私

---

① 王文俊. 南开大学校史资料选[C]. 天津：南开大学出版社，1989：109.
② 同上.
③ 同上，122.
④ 私立武昌中华大学校史编写组. 中华大学[M]. 武汉：华中师范大学出版社，2003：142.
⑤ 王文俊. 张伯苓教育言论集[Z]. 天津：南开大学出版社，1984：92.
⑥ 梁吉生. 允公允能 日新月异[M]. 济南：山东教育出版社，2003：236.

为纲。"①要求复旦师生齐心协力，报效国家。光华大学校长张寿镛坚持"中西并重，兼容并包"的办学方针，延聘教师不拘一格，兼收并蓄，罗致了众多人才。大夏大学王伯群校长坚守"教师苦教、职员苦干、学生苦学"的"三苦精神"和"师生合作"的办学理念，引领大夏大学成为"东方哥伦比亚大学"。此等事例，不一而足。南开大学"教授待遇虽不优，而能奋勉从事。有教授在职近十年，他大学虽以重聘邀约，亦不离去者。"②校长作为学校的灵魂人物，其浓烈的家国情怀所产生的巨大社会感召力成为吸纳人才的重要因素。

（二）熟人或准熟人社会关系

熟人或准熟人社会关系，在近代私立大学专业技术职务聘任中颇为常见。现择取几例，以窥其豹。洪业和陆志韦都是通过刘廷芳推荐燕大的从美国留学归来的历史学、心理学家，容庚则是洪业推荐由北大转到燕大执教的金石学家，顾颉刚则曾推荐钱穆来燕大作讲师、吴晗任燕大图书馆中日文编考部馆员。顾颉刚本人则主要看重燕大安定自由的教学和研究环境。③光华大学杨宽经吕思勉介绍在沪校历史系任教，讲授"先秦史"和"明清史"。④祝永年为解决土木系师资问题，和留美同学俞征和王兴两位商谈，征得他们俩来光华土木系兼课。经过专程聘请和同学的推荐，光华大学先后聘到杨钦、俞调梅、童大埙、董钟麟、马地泰、翁朝庆、刘广文等来校上课，基本上能开出课表上所列的全部课程。⑤光华大学聘请到上海高等法院院长郭云观主持法律系后，郭云观通过自己的社会关系延揽最高法院检察官陈懋咸，上海高等法院首席检察官杜保祺，专门委员梁宓，庭长刘世芳、李良及上海地方法院院长查良鉴，分别担任民法刑法、民刑诉讼法、法院组织法，及法律哲学等课教师。⑥国专在无锡复校后，经向培良推荐周贻白到该校任教，讲授修辞学、目录学等课程。⑦

① 周川. 百年之功——中国近代大学校长的教育家情怀[M]. 福州：福建教育出版社，1994：71.
② 王文俊. 南开大学校史资料选[C]. 天津：南开大学出版社，1989：46.
③ 张玮瑛. 燕京大学史稿[M]. 北京：人民中国出版社，2000：14.
④ 张耕华. 光华大学编年事辑[C]. 上海：华东师范大学出版社，2015：243.
⑤ 同上，304.
⑥ 同行，308-309.
⑦ 刘桂秋. 无锡国专编年事辑[C]. 北京：中国大百科全书出版社，2011：439.

（三）派系、个人利益或政治因素

因派系、个人利益或政治因素而影响教师的聘任，也是一种非制度性现象。1924 年，因涉厦门大学学潮，余泽兰、欧元怀、李世琼、王毓祥、傅式说、林天兰、周学章、吴毓腾、吕子芳九位教授离开厦门大学，赴上海筹建大夏大学。[①]1925 年，圣约翰大学因处置"五卅惨案"学生集会运动不当，致使蔡观明、何仲英、孟宪承、伍叔傥、蒋湘青、吴邦伟、林轶西、洪北平、钱基博、张振镛、薛迪靖、于星海、顾荩丞、朱荫璋、金秋涛、周子彦、陶士玮 17 名教师向学校辞职，转而创办光华大学。[②]这说明政治因素切实影响教师的流动。此前，钱基博担任上海光华大学国文教授。1925 年夏初，由于北伐军到达沪宁，锡沪交通受阻，钱基博无法到光华上课，因此应唐文治之请来无锡国专上课。[③]1947 年，因受中央大学派系斗争牵连，朱东润遭解聘，遂于秋后赴无锡专任国专教职。[④]

第二节　民国私立大学师资管理的特点及问题

通过梳理民国政府关于近代大学师资管理的相关文件及民国私立大学师资管理的做法，我们可以探寻政府出台政策的背后逻辑以及对近代私立大学内部管理制度的影响。从私立大学这个更为微观的层面来看，对师资管理的考察，能够归纳总结其师资管理的独特之处及存在的问题。

一、公私并举的制度性安排

民国政府公私并举的制度性安排是公私立大学教师合理流动的前提。1940 年8 月，政府颁布《教员服务奖励规则》，规定"凡连续服务十年以上成绩优良并经检定或审查合格之教员，经查明属实者，分别授予服务奖状"。其教员"系指各级

---

① 娄岙菲. 大夏大学编年事辑[C]. 上海：华东师范大学出版社，2014：14.
② 张耕华. 光华大学编年事辑[C]. 上海：华东师范大学出版社，2015：8.
③ 刘桂秋. 无锡国专编年事辑[C]. 北京：中国大百科全书出版社，2011：75.
④ 同上，454.

公立及已立案之私立学校校长及专任教员而言。"①1944 年 6 月颁布的《学校教职员退休条例》第二十条规定："私立学校教职员应领之退休金，由各学校参照本条例，依其经费情形酌量支给之。其退休金经费有不足时，由主管教育机关补助之。"②《学校教职员抚恤条例》第十八条规定："私立学校教职员应领之抚恤金，由各学校参照本条例，依其经费情形酌量支给之。其抚恤金经费有不足时，由主管教育机关补助之。"③一系列政府文件精神均体现了立法者意图保证私立大学与国省立大学享有同等的权利。这就从政府层面，为私立大学延揽名师、建立自己的师资队伍提供了政策支持。

二、浓烈的人文关怀

私立大学的校长们求贤若渴，热诚待人，视教职员工为家人，尽力解除他们的后顾之忧。梁漱溟在《我和冯振先生》中提到"他知道我好静，特意安排我住在半山腰的房子里。我不食荤腥，他又嘱咐其夫人每餐另设素食，并亲自送来，日日如此，从未间断……"④南开大学新校址把兴建教员宿舍列入第一期工程，现"已建成教授住宅"，⑤还拟在八里台迆东南之地，筹设南开公墓。⑥学校把百树村十号房屋的一部分作为教员俱乐部。晚饭之后，我们随意去那里喝咖啡、谈天，或作各种游艺，藉以稍抒一天工作的疲劳。⑦每逢过年过节或者新教员入校都有聚餐。1932 年 9 月 26 日中午，大夏大学约请全体职员就法租界青年会食堂叙餐。届时到者四十余人。餐毕秘书长王祉伟先生、副校长欧愧安先生、会计主任傅筑隐先生均有重要谈话。又于是日下午六时，仍就原处约请大中两部全体教员叙餐，届时到达百人，济济一堂，洵称盛事。⑧1933 年 10 月 21 日下午七时，光华大学张校长、朱副校长宴请全体教职员于八仙桥青年会，席

---

① 宋恩荣，章咸. 中华民国教育法规选编[Z]. 南京：江苏教育出版社，2005：668.
② 同上，665.
③ 同上，667.
④ 刘桂秋. 无锡国专编年事辑[C]. 北京：中国大百科全书出版社，2011：361.
⑤ 王文俊. 南开大学校史资料选[C]. 天津：南开大学出版社，1989：8.
⑥ 同上.
⑦ 同上，69.
⑧ 娄岙菲. 大夏大学编年事辑[C]. 上海：华东师范大学出版社，2014：222-223.

间张校长、黄任之、丁文彪、钱子泉演说。[①]遇有教师在任教期间故去，学校都召开追悼会。1944 年 1 月 20 日，大夏大学前总务长及师范专修科主任马宗荣先生逝世。王校长、欧副校长暨本校在筑师友闻讯，均亲往唁吊。[②]光华大学国文系主任童伯章先生去世，张校长致祭，献花圈，张枕蓉读祭文，钱基博、廖世成、龚敬钊演说，家属答谢，末由校分送童先生所书《说文解字部首》以留纪念。[③]无锡国专特约讲师陈衍因病去世，唐文治为作《陈石遗先生墓志铭》："追辛未岁，门人叶长青介先生来无锡佐余，主国学专修学校讲席，欢然道故，聚首七年。丁丑四月去之闽，无离别可怜色，乃七月得耗，先生死矣，惊怛欲哭而无泪……"[④]如此等等，气氛融洽，融融和畅，使教师和家人感到温暖，努力从事教学与研究工作。

三、师资结构不够合理

在私立大学师资队伍建设方面，最严重的问题莫过于兼任教师过多。按照民国政府颁布的《私立学校规程》，私立大学专任教师必须占到教师总数的三分之二，然而实际情形却糟糕得多。1947 年第一学期，国省立大学教师 15 031 人，兼任教师为 1537 人，占教师总数的 10%；私立大学教师总数为 5102 人，兼任教师 1656，占教师总数的 32%。[⑤]大夏大学 1947 年春季教职员计 106 人，其中专任教师 58 人，兼任教师 48 人，占教师总数的 45%。[⑥]上海市的私立大学除光华大学都是专任教师外，其余均是兼任教员多占数。复旦兼任教员，竟达百分之八十。查各校教员名册，有兼课数校者，有兼任两校系主任者，甚至有在他埠兼任职务者。[⑦]无锡国专教授钱基博"照例于每星期五下午回锡，当晚到国专讲课两小时，星期六

① 张耕华. 光华大学编年事辑[C]. 上海：华东师范大学出版社，2015：137.
② 娄岙菲. 大夏大学编年事辑[C]. 上海：华东师范大学出版社，2014：573.
③ 张耕华. 光华大学编年事辑[C]. 上海：华东师范大学出版社，2015：97.
④ 刘桂秋. 无锡国专编年事辑[C]. 北京：中国大百科全书出版社，2011：262.
⑤ 中国第二历史档案馆编. 中华民国史档案资料汇编：第五辑第三编 教育（一）[G]. 南京：江苏古籍出版社，1994：631.
⑥ 娄岙菲. 大夏大学编年事辑[C]. 上海：华东师范大学出版社，2014：682.
⑦ 张耕华. 光华大学编年事辑[C]. 上海：华东师范大学出版社，2015：138.

上午再讲两小时，星期日早车返沪。从此往返沪锡，风雨无阻，一直到抗战爆发前夕。"①李长傅执教于暨南大学，还兼任私立致用大学、立达学园、省立扬州中学、无锡国学专科学校史地课。②蔡尚思同时兼任沪江、光华、复旦、东吴四个大学及无锡国专教授，还兼两家的家庭教师，常年疲于奔命。③难怪时人感叹：精神既不能专注，教学自无效率可言，即单就讲演以灌输智识犹嫌不足，遑论训练人才与研究学问乎？苟不加以改进，影响学生学业实非浅鲜。④

四、师资队伍不稳

根据《民国二十五年度全国高等教育概况统计表》，1936 年国立大学教职员工 3865 人，俸给费 8 012 086 元，人均 2072.98 元；私立大学教职员工 2645 人，俸给费 4 086 820 元，人均 1545.11 元。⑤每当生源不好时，均采取降低教职员工待遇的方式缩减开支。1932 年春，因时局不靖，校董捐款及学生所缴学费均停滞。不得已，无锡国专实行减薪：教员减三成，职员减四成，惟月薪三十元以下者不减。⑥1935 年，大夏大学决议"自本年秋起，关于教员薪水方面除减少钟点外，所有续聘专任教员及高级职员概照前定薪率八五折计算，兼任教员按时数每小时最高以三元计算。"⑦待遇的差距，使得民办大学教师流向国立大学。1934 年，陈鼎忠教授受国立中山大学聘请去担任史学系主任，待遇高国专一倍。⑧即便是南开大学这样办学优异的私立大学，也曾因教师薪酬问题引起教师不满而离职。1929 年春，校方在调整薪金上略有不周，引致不愉快事，为少数教授离去原因之一，使有如遭大劫之感。⑨

---

① 刘桂秋. 无锡国专编年事辑[C]. 北京：中国大百科全书出版社，2011：75.

② 同上，315.

③ 同上，374.

④ 张耕华. 光华大学编年事辑[C]. 上海：华东师范大学出版社，2015：138.

⑤ 中国第二历史档案馆编. 中华民国史档案资料汇编：第五辑第一编 教育（一）[G]. 南京：江苏古籍出版社，1994：298-299.

⑥ 刘桂秋. 无锡国专编年事辑[C]. 北京：中国大百科全书出版社，2011：144.

⑦ 汤涛. 王伯群与大夏大学[C]. 上海：上海人民出版社，2015：205.

⑧ 刘桂秋. 无锡国专编年事辑[C]. 北京：中国大百科全书出版社，2011：177.

⑨ 王文俊. 南开大学校史资料选[C]. 天津：南开大学出版社，1989：76.

五、受非制度性因素影响较大

制度性安排是民国私立大学师资管理的刚性、规范性安排。特别是师资聘任、职称评定、薪酬发放等制度性规约，既遵循了政府部门的硬性规定，又结合了私立大学的具体情形，对于维系师资稳定、规范运行意义重大。由于当时社会经济条件的限制和私立大学经费的局限，非制度性因素对民国私立的影响更大一些。能否邀请到著名教授来校任教或讲座，与校长的社会地位、个人名望以及人脉关系密切相关。一般教职员工因某个校领导而"慕名投奔"或"愤而离校"的例子，在私立大学校史或档案资料中多有记载。相对于国立、省立大学，民国私立大学受政治影响或派系斗争的干扰相对要小。

第三节　民国私立大学师资管理对当下民办高校的借鉴及启示

建设一流民办高校不仅是政府的期待，也是民办高校自身发展的必然价值诉求和走向世界的必由之路。其中，教师是关键。通过剖析近代私立大学在师资队伍建设方面面临的困境、所采取的应对策略，探索隐含其中的民办高等教育运行的规律，发掘近代私立大学行之有效的经验做法，从而在政府层面、社会层面、学校层面和教师个人层面，为当今民办高等教育的发展提出具有借鉴性的对策和建议。

一、注重法律法规建设

在国家制度层面上，建议政府将非营利性民办高校按事业单位管理，按办学成绩划分为自收自支事业单位、差额事业单位。民办高校教师基本工资按不低于当地同级公办教师标准发放，并保持同步增长。非营利性民办高校按公办高校生均经费标准予以拨付。非营利性民办高校的专任教师参加事业单位养老保险；营利性民办高校参加企业职工养老保险并建立企业年金制度，逐步改善教职员工的退休后待遇。建立省级高校教师管理平台，健全公办高校教师和民办高校教师的合理流动机制。允许公办高校教师在民办高校从事教学，获得合法收入；鼓励公办高校教师到民办高校任职,保留其原有编制、档案和待遇不变。省级教育主管部门应设立专项资金,奖励和表彰做出突出贡献的集体和个人。总之,采取多种措施营造有利于民办高校健康发展的制度环境,促进公办高校教师和民办高校教师的合理流动。

二、加强师资队伍建设

师资队伍建设是当前民办高校发展的重要瓶颈和核心动力,但现在普遍存在着数量不充足、结构不合理、人员不稳定的问题。因此,应正视师资队伍建设的艰巨性,将教师队伍建设作为第一工程抓好抓实。首先,按不高于 18∶1 的生师比配齐教师,进一步优化年龄结构、支撑结构和学缘结构。逐步增加专任教师、减少兼职教师。稳定专任教师队伍,努力改变"两头大、中间小"的状况,发挥专任教师的核心作用。严格控制离退休教师的聘用,坚持 70 岁退休安排;加强兼职教师的管理、考核和监督,以免他们敷衍了事;同时创设条件,发挥好他们的"传、帮、带"作用。其次,加强对教师的培训,努力提升教学科研水平。采用校内培训、校外专业培训、出国进修、参加专业研讨会等培训方式对教师进行培训;选择业务能力强、忠诚度高的教职员工攻读硕士、博士学位。再次,加强师德师风建设和契约精神培育。开展系列校园文化活动,培养教师的主人翁意识和集体归属感;引导教师树立正确的职业道德观念,培养教师的诚信意识和对学校的忠诚度。最后,就是提供有足够吸引力的薪酬待遇,并建立一整套科学合理的工资、福利、晋升、奖惩等激励体系,这也是最主要的。

三、强化人文关怀

民办高校教师相对于公办教师来说,物质待遇相对较低,这就需要民办高校的管理者要注重柔性化管理,做到"服务有热度、关爱有温度"。建设集体宿舍和教师公寓,设置 3—5 年周转期,解决部分引进人才和新进校青年教师临时住房困难。用好重要节假日,在逢年过节发放节日慰问品、职工生日时发放生日蛋糕或蛋糕券、职工婚丧嫁娶等给予一定金额的慰问金、职工退休离岗发放一定金额的纪念品等,增强节日的仪式感,从细节着手,关心教职员工。发展荣誉文化,在教师节和年终总结时举行隆重的表彰活动，增强教职员工的荣誉感、向心力和忠诚度。充分发挥教师代表大会的作用，发动广大教职员工积极参与高校的管理决策；建立长效的意见征询机制，学校重大决策事先征求广大一线教师的意见、建议，集思广益，确保决策正确；让教职员工参与对教学管理人员的监督评议。总之，吸纳一线教师参与学校的管理与决策，增强他们的主人翁精神和责任感。

第四节　民国私立大学学术休假制度探究

学术休假制度作为一种师资管理制度，源于美国哈佛大学于 1880 年首创的学术休假制度，这种休假制度于民国时期传入中国并进行了本土化实践。当下，我国高等教育蓬勃发展，公办大学"试水"学术休假制度的不多，更遑论民办大学。因此，笔者研究民国私立大学学术休假制度，以期能为当下民办大学实施学术休假制度提供些许借鉴。

学术休假制度作为高校师资管理制度的重要组成部分，源于美国哈佛大学。民国政府颁布了相关学术管理规定，引领学术休假规范运行。以燕京大学、金陵大学、南开大学等为代表的民国私立大学积极探索，出台了相关规范，对政府政策进行细化、变通，以契合本校实际情况。民国私立大学学术休假制度的运行实践，对当下民办高校学术休假制度提供了借鉴。政府应从顶层设计、制度规范，学术为主、休假为辅，完善机制、规范运行，资金扶持、专款专用，综合改革、优化生态等方面予以推进，促进学术休假制度在民办高校落地生根。

一、民国学术休假制度的政府政策规定

（一）《国立大学职员任用及薪俸规程》

1917 年 5 月 3 日，北洋政府教育部颁布《国立大学职员任用及薪俸规程》。其第十三条规定："凡校长、学长、正教授每连续任职五年以上，得赴外国考察一次，以一年为限，除仍支原薪外并酌支往返川资。"[1]这是我国关于学术休假制度

---

[1] 国立大学职员任用及俸薪之规定[J]. 政府公报，1917-5-5（6）.

的最早政府文本。学术休假的对象为校长、学长和正教授，受益群体较为狭窄；基本条件是连续任职五年以上；休假时间为一年，以国外考察的方式予以休假；休假期间的待遇不变，并支付往返路费。这是西方学术休假理念在中国的第一次展现，为中国高校实践这一理念奠定了政策蓝本。

（二）《大学及独立学院教员聘任待遇暂行规程》

1940 年 8 月，教育部颁布《大学及独立学院教员聘任待遇暂行规程》。其第十五条规定："教授连续在校服务七年成绩卓著者，得离校考察或研究半年或一年。离校期内仍领原薪，但不得担任其他有给职务。"[①]相对于 1917 年的政策文本，学术休假对象由"任职五年"者改成了"服务七年成绩卓著者"，要求提高了；休假时间由"一年为限"变成了"半年或一年"；待遇不变，只是删除了"支付往返路费"。这一系列变化，显示了政策的延续和调整，更契合抗战时期的教育背景。

（三）《教授离职考察或研究办法》

1940 年，教育部颁布了《教授离职考察或研究办法》，作为对《大学及独立学院教员聘任待遇暂行规程》的进一步细化，要求更具体，更具有操作性。虽然申请条件、休假周期、休假时长、休假待遇基本没变，但审核资格更严格了。"要求填报所选送教授之有关事项如下：（一）姓名（二）年龄（三）籍贯（四）学历（五）经历（六）在校服务年限（七）教授科目（八）实支薪给（九）服务期间之成绩（十）研究成绩及著作"。[②]其中对选聘人员的工作表现、研究成绩及著作有了明确要求，更加凸显申请人的工作认同感和学术研究能力。对休假期间的任务做了明确规定，"请予休假进修教授之进修计划，就分别考察或研究之题目、程序、地点、预期结果及备考，并由拟具者签名盖章。""离校考察或研究教授准假期满二月内，应就考察或研究所得详具报告，由校呈部备核。"[③]从政府立法角度来看，确认学术休假的目的不在"休假"，而在于"学术"。对于休假经费，考虑到抗战时期高校的经费紧张情况，要求"得由原校酌参补助"，且规定"以返原校

---

① 宋恩荣，章咸. 中华民国教育法规选编[Z]. 南京：江苏教育出版社，2005：650.
② 教育部规定教授离职考察或研究办法[J]. 教育通讯，1940，3（36）：3-4.
③ 同上.

服务为原则"①，以稳定高校师资。

（四）《国立专科以上学校教授休假进修办法》

1941 年 5 月 8 日，教育部颁布《国立专科以上学校教授休假进修办法》，这是对国立专科以上学术休假制度的进一步规范。有三个基本规范：一是对"连续任职"的解读，"在奉令改组或合并之国立专科以上学校服务之年月得合并计算"。②二是解决遴选人数受限的问题，规定在符合基本条件的"专任教授中遴选三分之一"，限于名额未经核定者"得于下年度续请之"。③三是休假期间，待遇"由教育部按其原薪发交原校转发"，差旅费"得由原校酌予补助"。④

时人庄泽宣在《高等教育革命》中提到"七年进修的办法必须强制执行，教授若无进修机会，是高等教育自杀的政策，进修时应予种种便利，使感到学术工作的满足。"⑤此语是教育界的追求，也是政府的共识。从以上四个官方文件来看，政府对教师学术休假持积极支持态度，其目的在于通过学术进修使教师提升科研能力、激发学术活力、提高教学水平、缓解师资不足。

二、民国私立大学学术休假制度的探索

民国时期，政府对私立大学的管理日益加强，制度性规范愈加张扬。一系列制度的出台，旨在鼓励、引导私立大学学术休假制度的建立和规范运行。当然，各私立大学均根据自身情况，对政府政策进行细化、变通，以求契合本校实际情况。

（一）申请对象及先期服务年限

燕京大学的规定比较切合实际，在校连续服务六年的专任教师且具有讲师以上职称就具有申报资格。⑥此外，如果认为行政人员"于学校有补益时"①，也有

---

① 教育部规定教授离职考察或研究办法[J]. 教育通讯，1940，3（36）：3-4.
② 王学珍，张万仓.北京高等教育文献资料选编[Z].北京：首都师范大学出版社，2004：806-807.
③ 同上.
④ 同上.
⑤ 庄泽宣. 高等教育革命[J]. 东方杂志，1933（12）：89.
⑥ 张玮瑛. 燕京大学史稿[M]. 北京：人民中国出版社，2000：1400.

休假的权利。金陵大学根据《国立专科以上学校教授休假进修办法》制定了《金陵大学现任教授休假进修暂行办法》和《金陵大学现任讲师以上教员初次休假、出国进修暂行办法》，规定教员"连续任教授满 7 年以上成绩卓著者"可以申请学术休假。[②]具有"学士学位且其列年来之成绩总均与其外国语之成绩均在中等以上（或相等于 75 分以上）并在本校任教前后满 5 年以上成绩卓著"的讲师或讲师以上教员也具有休假资格。[③]

（二）时间限度与补偿标准

燕京大学规定学术休假的时间为"半年或一年"。[④]1945 年颁布的《燕京大学教职员休假规则》规定，休假期限以"半年为准"，必要时请求延长"至多不得超过两年"[⑤]。如该教员之研究经费由学校供给，则其"薪金仍可照常支取"，倘须留学国外，则其"休假期内之全薪，得按 2∶1 之总汇率领取美金；或与此相等之其他所在国国币"。[⑥]同时，教职员工休假期间，如"仍留校居住，得仍享有住房、看病及医牙津贴之权利"。[⑦]1945 年，因形势的变化，规则亦有变更。在国内从事研究休假半年者，"得领原薪之全数及各项津贴"；休假一年者，"薪金均减半"；休假二年者"其第二年留职停给薪金"。[⑧]休假出国研究者，"得领原薪之全数及各项津贴一年，其出国来往旅费概由本人自行筹措。"[⑨]金陵大学教授有离校考察或研究"一年或两年"的机会[⑩]；讲师或讲师以上休假深造时间"暂定 1—3 年"[⑪]。

（三）返校服务要求

燕京大学对学术休假人员返校后的服务年限没有做具体要求，而是将审查前

---

① 张玮瑛. 燕京大学史稿[M]. 北京：人民中国出版社，2000：1400.
② 陈裕光. 金陵大学史料集[Z]. 南京：南京大学出版社，1989：152.
③ 同上.
④ 张玮瑛. 燕京大学史稿[M]. 北京：人民中国出版社，2000：1400.
⑤ 燕京大学教职员休假规则[J]. 燕大通讯，1945，1（2）：1.
⑥ 张玮瑛. 燕京大学史稿[M]. 北京：人民中国出版社，2000：1400.
⑦ 同上.
⑧ 燕京大学教职员休假规则[J]. 燕大通讯，1945，1（2）：1.
⑨ 同上.
⑩ 陈裕光. 金陵大学史料集[Z]. 南京：南京大学出版社，1989：152.
⑪ 同上.

置，认为拟休假人员"仍拟在校服务"且"对于学校有更大之贡献"。①金陵大学则要求进修期满后"须返校服务至少三年"。②

（四）计划与报告要求

燕京大学规定拟休假人员"于请求休假时，须随交计划书一份，叙明休假之目的，或特别研究计划所需经费之着落等"③。对于准其留学者，"须将其计划完全实行"，年终要呈报告书"叙述该年工作之经过"。④金陵大学要求拟休假教职员工提供服务期间的研究报告或著作、进修计划内分考察或研究之题目、程序、地点、时间、预期结果、健康证明书等；进修期满返校后"于两个月内应将考察或研究结果，详具报告送请校长室备案"。⑤

（五）休假审批流程

燕京大学教职员工先填写休假请求书，经"所属院长及学系主任连同签署"⑥，然后提交，由校长、校务长商同"铨叙委员会"处理之。⑦金陵大学也规定符合条件的教职员工应"先向所属院部申请并提出"，院务会议根据《金陵大学现任教授休假进修资格审查记分百分法》，从品格（公正、忠职、合作、纯洁、热心）、教学（年资、勤勉、启发、课余、方法、质量）、研究（书、研究论文、专著、进行中之研究、发明）、学校需要等四个方面进行资格审查，而后送学校教员休假进修遴选委员会审批。⑧

三、民国私立大学学术休假制度的现代意义

通过梳理民国学术休假制度，总结了民国私立大学学术休假制度实施过程中的亮点和不足。这对当下民办高校学术休假制度的制定提供了些许借鉴。

① 张玮瑛. 燕京大学史稿[M]. 北京：人民中国出版社，2000：1400.
② 陈裕光. 金陵大学史料集[Z]. 南京：南京大学出版社，1989：152-153.
③ 张玮瑛. 燕京大学史稿[M]. 北京：人民中国出版社，2000：1400.
④ 同上.
⑤ 陈裕光. 金陵大学史料集[Z]. 南京：南京大学出版社，1989：152-153.
⑥ 张玮瑛. 燕京大学史稿[M]. 北京：人民中国出版社，2000：1400.
⑦ 同上.
⑧ 陈裕光. 金陵大学史料集[Z]. 南京：南京大学出版社，1989：152-153.

（一）顶层设计，制度规范

民国政府从顶层设计，颁布了一系列文件规范，推动了学术休假制度的实施。2012 年 3 月，教育部颁布的《关于全面提高高等教育质量的若干意见》中明确提出"建立教授、副教授学术休假制度"，予以价值引领。但时至今日，学术休假制度并未普遍确立。国家可以考虑下发专门文件要求高校结合实际情况颁发学术休假管理制度；建立中央教育行政部门、省级教育行政部门、高校、教师四级经费分担机制；将建立学术休假制度纳入对高校的考核指标体系中，对民办高校单列考核要求。总之，健全相关制度，规范学术休假，切实扭转学术浮躁之风。

（二）学术为主，休假为辅

明确学术休假的内涵，坚持学术为主，休假为辅。学术休假的本真是提升教师的学术素养，促进学校学术水平的整体提升。民国私立大学学术休假制度对教师学术水平的提升意义非凡。厦门大学商科主任陈苕之自离校休假以来，"编译书籍""于学问研究，颇获利益"。[1]厦门大学医药处主任廖超照先生休息期间，在杭州"从事研究医学，且编成中西药作用较量一书"。[2]如果将学术休假制度片面理解为教师的放假休养，或者将学术与旅游相结合就失去了学术休假的应有之义。同时，不可能在本就资金紧张的民办高校予以推进实施。民办高校教师相较公办高校教师，教学工作量大很多，平时用于科研的时间相对较少，正可借助学术休假之机开拓学术视野，提高科研水平，进而促进民办高校学术地位的提高。

（三）完善机制，规范运行

结合民办高校实际，建立一套完善的运行机制。首先，要对申报资格做明确规定。民国时期，学术休假的对象一般要求为副教授以上教师，如 1936 年华中大学"董事们原则上决定资深教职员可以享受休假年"[3]，也有部分私立高校给予讲师职称教师一定机会。一般为讲师以上教师，来校工作达 5 年以上，教学科研考核良好以上，具有市厅级科研项目。拟申请人员提前一个学期向所在部门提交学

---

① 陈苕之先生下学期仍拟来校[J]. 厦大周刊, 1929 (203): 14.
② 休假职员之消息[J]. 厦大周刊, 1929 (205): 17.
③ 马敏. 百年校史（1903 年—2003 年）[M]. 武汉: 华中师范大学出版社, 2003: 69.

术休假申请书、休假计划、经费使用预算表等。学校可借鉴燕京大学的做法。首先，为保证正常工作的开展，规定"每一单位不得有二人同时休假"，休假教职员工所担任的工作"应由该单位同人共同分任，以不影响该单位之预算为原则"。[①]在保证教学工作正常开展的情况下，优先遴选教学骨干、学术骨干、兼任职务较多职务者。其次，要明确休假时间和休假待遇。休假时间以 6 个月期限为主，最长不得超过 12 个月。一般来说，休假期间的工资和各种福利不变，经费紧张的民办高校可考虑发半薪。当年度的教学工作量和科研工作量不做要求，让学术休假人员无后顾之忧。再次，建立相应的考核机制。休假归来后，须向所在部门汇报休假情况及研究成果，提交工作总结，在全校范围内做一场学术讲座。无正当理由完不成休假任务者，当年度考核结果为"不合格"。

（四）资金扶持，专款专用

学术休假制度的推行需要建立有效的保障机制。经费筹措方面，一是政府有关部门应对民办高校给予专项资金扶持，专款专用，第三方审计，确保资金切实用于民办高校教师的学术休假；二是民办高校应拿出专项资金用于教师学术发展，作为提升教师学术水平和学校科研实力的重要举措；三是以横向课题、定项项目等方式，积极争取学术团体、社会组织和企业对学术休假的资金支持。1934 年燕京大学教师许地山利用学术休假去印度考察，遭遇燕京大学款项不到、"身边只剩二百三十卢比左右"的尴尬。[②]如遇经费问题，要随时协调解决。厦门大学文科语言学正教授赴欧洲考察时因经费关系，"向学校商借款项，以其校内住宅作为抵押"[③]，以继续在欧洲研究。经费使用方面，要确保教师学术休假的正常进行，竭力避免因经费不够进退两难。

（五）综合改革，优化生态

学术休假制度的真正实施，需要整个学术生态的修复和根本性改善。首先，

---

① 燕京大学教职员休假规则[J]. 燕大通讯，1945，1（2）：1.
② 李艳莉. 崇高与平凡——民国时期大学教师日常生活研究[M]. 福州：福建教育出版社，2017：103.
③ 周辨明先生继续在德研究[J]. 厦大周刊，1929（203）：14.

切实推行年薪制，改变目前普遍推行的"基本工资+津贴+奖励"的薪酬发放模式，让高校教师不必担心因为学术休假而影响实际收入及岗位聘任。其次，切实推行学术评价去行政化，改变教师"跑项目""拉课题"等不良行为，真正将时间和精力用在科学研究上，构建学术本位的管理体系和学术评价体系。再次，就学术自由、教授治学重构制度规范，从教师聘任、考核、晋级、职称等方面推进人事制度改革，培育风清气正、踏实科研的学术生态环境。

在"双一流"大学建设过程中，民办高校应有所作为，进一步加强师资队伍建设，通过学术休假制度消除职业倦怠，提升职业忠诚度，促进教学科研水平提升，拓宽国际化视野意义重大。因此，借鉴民国私立大学学术休假制度的运行得失，推动民办高校逐步建立、完善学术休假制度显得尤为迫切。

第六章　近代私立高校教育经费的筹措

第一节　民国私立高校教育经费筹措的背景

民国私立高校的勃兴及可持续发展与当时多元化的筹资环境密切相关。结合民国的政策法令因素、经济金融因素和社会文化因素，有助于深刻了解民国私立高校融资模式的选择。

一、政策法令因素

政策法令因素是私立高校合法存在、合理发展的前提。民国政府注重教育法令法规的制定，诸如《私立大学规程》《私立大学及专门学校立案条例》《私立专科以上学校补助费分配办法大纲》《省私立专科以上学校战区学生贷金暂行条例》《捐资兴学褒奖条例》《公私立专科以上学校经费稽核委员会组织办法》等，涉及私立高校的注册、招生、经费资助、经费审核及学生毕业等，法令完备，可操作性强。政府尊重私人财产、给予税收优惠、鼓励捐资兴学，为私立高校融资提供了有力的法律保障。

二、经济金融因素

经济金融因素是私立高校融资的基础条件。民国政府统一中国后，注重发展政治、经济、社会和教育各项事业，收回了关税自主权、废除了厘金制度、统一了度量衡、实施了币制改革，促进了中国民族资本主义的发展，为私立高校的发展奠定了物质基础。当然，经济的发展，收入的增加，也为民国政府增加教育投入，规范对私立高校的资助有着积极的作用。《私立专科以上学校补助费分配办法大纲》《私立专科以上学校补助费支给办法》《私立专科以上学校补助费支给细则》等资助私立高校的相关法规就是在这个基础上诞生的。

三、社会文化因素

社会文化因素决定着私立高校融资的范围和数量。中国传统社会包容了私学，也为近代西方高等教育的发展提供了文化土壤。1840年鸦片战争以降，救亡图存成为近代中国的时代主旋律，在爱国主义的基调下，民国私立高校不仅得到了政府的积极扶持，也得到了社会民众的广泛支持。同时，西学东渐，自由主义思潮兴起，平民主义教育思潮、实用主义教育思潮成为民国私立高校进一步发展的思想基础。

第二节　民国私立高校经费筹措的路径选择

民国私立高校均积极拓展融资渠道，以维系其生存和发展。本文仅探讨狭义的融资，即资金的融入，而不包括资金的融出。

一、外源性资本

（一）社会捐款

1. 个人捐资

受"乐善好施"传统美德的熏陶，在近代"教育救国"理念的影响下，抑或是"泽被他人"的社会责任感，捐资兴学渐成风潮。《北洋画报》载袁世凯母亲捐建南开大学思源堂，"中国妇人，斥百金，建大学者，自项城袁母高太夫人建南开大学科学馆始。"[1]私立苏州美术专科学校得"吴某资助，设备逐渐扩充"。[2]据《第一次中国教育年鉴》载，陈宣恺于1912年捐助武昌中华大学39 000元、胡文虎捐助私立大夏大学10 000元、程霖生于1931年捐助私立大夏大学15 000

---

① 袁太夫人捐建南开大学思源堂[J]. 北洋画报，1926，1（28）：2.
② 中华民国教育部教育年鉴编纂委员会. 第二次中国教育年鉴：第五编 高等教育 第一章 综述[K]. 上海：商务印书馆，1948：785.

元、南洋华侨戴培元、吴宽捐助私立大夏大学各 5000 元。①捐资兴学亦风气大开。陈嘉庚"在厦筹设大学，并于大学附设高等师范。其设捐经费按期缴纳。约以四百万元为准"。②南通学院由张季直捐资创办，"所有开办费以及历年经常费，苦心筹划、统计不下二百余万金。"③

2. 校董会捐赠

私立高校创办者注重邀请政、商、财等社会名流加入董事会。社会名流高校董事会成员的身份，激发了其捐资的热情。私立武昌华中大学"常年经费，主要由校董会筹措"④。私立光华大学筹备之时，"许秋帆先生、施省之先生、赵晋卿先生、朱吟江先生、张校长首先认捐。"⑤杜月笙先后给私立大夏大学捐赠各 20 000元。⑥学校利用社会名流的社会地位谋求银行贷款，筹集办学经费。大夏大学成立时，邀请隐居上海的"王伯群先生为董事长"，谋得"两千元支票捐助，使本校在开办时期得一有力的支援"⑦。私立东北中正大学"成立校董会，公推杜聿明为董事长。该校三十六年度经常费第一次奉令核定 252 500 000 元，第二次追加 31 250 000元，共计 683 750 000 元"⑧。

3. 企事业赞助

企事业团体的捐助是私立高校建立、运行的重要保障。私立立信会计专科学校是潘序伦出资创办的，"立信会计师事务所捐赠立信会计丛书版权值十万元，设备基金五千元及中外图书四千册，值七千元，潘氏又将其执业所积余款六万元捐作建筑校舍基金，合共十七万元。"⑨焦作工学院由福中总公司出资创建，所需经

---

① 1934 年中华民国教育部教育年鉴编纂委员会. 第一次中国教育年鉴：戊编 教育杂录[K]. 台北：台北宗青出版社，1991：293-363.
② 本会呈请元首饬部查取侨商陈嘉庚捐资兴学故[J]. 乔学月刊，1920，1（2）：16.
③ 南通学院请拨统税补助[J]. 纺织周刊，1931，1（12）：309.
④ 中华民国教育部教育年鉴编纂委员会. 第二次中国教育年鉴：第五编 高等教育 第一章 综述[K]. 上海：商务印书馆，1948：666.
⑤ 光华大学简史[J]. 光华大学半月刊，1935，3（9-10）：2.
⑥ 1934 年中华民国教育部教育年鉴编纂委员会. 第一次中国教育年鉴：戊编 教育杂录[K]. 台北：台北宗青出版社，1991：293-363.
⑦ 大夏大学校史[J]. 大夏周报，1948，25（2）：4.
⑧ 中华民国教育部教育年鉴编纂委员会. 第二次中国教育年鉴：第五编 高等教育 第一章 综述[K]. 上海：商务印书馆，1948：671.
⑨ 中华民国教育部教育年鉴编纂委员会. 第二次中国教育年鉴：第五编 高等教育 第一章 综述[K]. 上海：商务印书馆，1948：780.

费"按照福中总公司旧合同，应由福公司担负。然每年仅拨银五千两，幸有中原公司年拨一万两，福中总公司月拨三百元，以资维持。民十五年后，福公司、福中总公司相继停办，本院经费，全赖中原公司担负"。①私立同德医学院向无固定经费，依赖学生学杂等费及"附属医院之收入为挹注"②。私立东南医学院"不敷之数，由附属医院拨助"③。南通学院在张季直先生逝世后，经费"概由纱厂拨款维持"，后提请政府准予"在大生纱厂统税项下，提拨若干成，以维校费"④。

4. 海外捐助

私立高校注重向海外募捐，谋求海外华人华侨、国际文化团体的资助。私立大夏大学选址购地之后，由"马君武、欧元怀、伍毓祥三人复南行，向马来华侨筹集建筑经费"⑤。私立武昌中华大学抗战结束复校时，得到"美国援华费补助四千三百万元"⑥。私立铭贤学院于 1945 年"由国际文化协会领得图书放映机一具，可利用电光或日光，阅读国外新出版之图书杂志"⑦。私立金陵大学"得美人霍尔氏捐助基金美币六十万元，指定半数为研究我国文化之用"⑧。旅美侨胞团体安良工商总会于 1942 年"捐助国币十万元，设立安良奖学金"，补助各高校学生，"二十三年，分配于私立大学六校，计十四名。三十五年度分配私立学院三十八名，私立专科学校二十二名，每名国币五万元……三十六年度私立大学三十三名，私立独立学院十九名，私立专科学校十一名，每名十万元"⑨。1946 年夏，"美国援华救济联合会捐赠我国大学教职员福利金国币二亿六千五百万元"，⑩为全国公私立专科以上学校及学术研究机关教职员福利金之用。南开大学经济学院"每年预

---

① 焦作工学院之展望[J]. 焦作工学生，1933，2（1-2）：5.
② 中华民国教育部教育年鉴编纂委员会. 第二次中国教育年鉴：第五编 高等教育 第一章 综述[K]. 上海：商务印书馆，1948：728.
③ 同上，729.
④ 南通学院请拨统税补助[J]. 纺织周刊，1931，1（12）：309.
⑤ 中华民国教育部教育年鉴编纂委员会. 第二次中国教育年鉴：第五编 高等教育 第一章 综述[K]. 上海：商务印书馆，1948：662.
⑥ 同上，665.
⑦ 同上，737.
⑧ 同上，650.
⑨ 同上，574.
⑩ 同上，518.

算约八九万元，收入来源，三分之二系得自外国捐款。现以洛氏基金五年捐款（自今年起）为最大来源。其余则来自太平洋国交讨论会委托研究补助费"[①]。

（二）学生缴费

学费是私立高校融资的重要部分，也是最有保证的经费来源。总体而言，私立高校的学费收入占学校经费总收入的比例不是太高。据 1931 年统计，私立学校学费收入为 2 865 119 元，占全部学校教育经费的 20.08%。[②]据"民国元年至民国二十年间高等教育经费岁入表（不含专科和独立学院）"，相对于国立大学学费收入 320 098 元、省立大学学费收入 144 126 元，私立大学学费收入 1 718 089 元，[③]私立大学的学费收入仍然是最高的，大致是国立大学的 5.4 倍、省立大学的 11.9 倍。当然，具体到每所高校，情形又各有不同。私立广州大学、私立光华大学、私立大同大学均以学费为主要收入。[④]沪江大学、大夏大学学费收入占总收入的 52%，东吴大学占 62%，广东国民大学占 71%，光华大学占 77%。[⑤]但是，中法大学、武昌华中大学、金陵大学、辅仁大学、震旦大学捐助款项均占经费来源的 60% 以上，学费的占比相对较低，分别占 1.6%、6.4%、9%、8.6%、7.6%。[⑥]私立铭贤学院得到美国欧柏林大学的资助，再加上孔祥熙先生的苦心经营，"该院基金充裕，经费向来无虞。"[⑦]

（三）政府资助

20 世纪 30 年代后，民国政府先后颁布《中华民国训政时期约法》《私立专科以上学校补助费分配办法大纲》《省私立专科以上学校战区学生贷金暂行规则》《非

---

① 王元照. 介绍南开大学经济学院之研究事业[J]. 清华周刊，1932，38（5）：59.
② 中华民国教育部教育年鉴编纂委员会. 第一次中国教育年鉴：丁编 教育统计[K]. 台北：台北宗青出版社，1991：50.
③ 同上，50.
④ 中华民国教育部教育年鉴编纂委员会. 第二次中国教育年鉴：第五编 高等教育 第一章 综述[K]. 上海：商务印书馆，1948：655、661、664.
⑤ 中华民国教育部教育年鉴编纂委员会. 第二次中国教育年鉴：丙编 高等教育概况[K]. 上海：商务印书馆，1948：87-104.
⑥ 同上.
⑦ 中华民国教育部教育年鉴编纂委员会. 第二次中国教育年鉴：第五编 高等教育 第一章 综述[K]. 上海：商务印书馆，1948：737.

常时期国立中等以上学校及省立私立专科以上学校规定公费生办法》等文件，开始大力资助私立高校。

私立华北文法学院成立时，国家"拨给前宗人府为校址"。[①]私立南通学院于1946年得"省补助费 2 000 000 元，部补助费 1 500 000 元"。[②]私立铭贤学院 1935年"教育部补助经费三万元，翌年夏又补助四万元。"[③]其中，南开大学得到的补助最多，1931年度得国省库款 190 000 元，占年度收入的 53.5%；岭南大学得国省库款 195 000 元，占年度收入的 22.3%。[④]除资金支持外，国家还给予物质资助。如教育部"订购《简·爱》等英文名著四种，每种各四千册（共装七十箱）分发公私立专科以上学校。"[⑤]对于私立高校在国外采购予以免税，如广州粤海关对岭南大学所购仪器"各件如与教育用品免税章程相符，如予免税放行具报"[⑥]。

不论教育部还是省厅的奖学金制度都涵盖私立高校学生。1941年中正奖学金"在校生二百名，配与国立大学一百名，省立大学十名，私立大学四十四名，配与独立学院二十三名，省立独立学院六名，私立独立学院八名，国立专科学校七名，省立专科学校二名"[⑦]。云南教育厅规定在滇学生"私立大学研究生，月给国币十五元，本科生月给国币十元"[⑧]。还对省外高校滇籍学生给予奖助。1934年云南省教育厅补给国内公私立大学及专科学校滇籍学生奖学金名单显示"南京私立金陵大学二名，王秉文，农学院一年级生。解煊，农业专修科一年级生。上海私立大夏大学一名，张康麟，教院一年级生。上海私立大同大学一名，徐赞邦，

---

① 中华民国教育部教育年鉴编纂委员会. 第二次中国教育年鉴：第五编 高等教育 第一章 综述[K]. 上海：商务印书馆，1948：722.
② 同上，730.
③ 同上，736.
④ 中华民国教育部教育年鉴编纂委员会. 第二次中国教育年鉴：丙编 高等教育概况[K]. 上海：商务印书馆，1948：87-104.
⑤ 中华民国教育部教育年鉴编纂委员会. 第二次中国教育年鉴：第五编 高等教育 第一章 综述[K]. 上海：商务印书馆，1948：513.
⑥ 广州粤海关翁监督觉苛电悉岭南大学所购仪器准由该关查核清单[K]. 财政公报，1930，39：141.
⑦ 中华民国教育部教育年鉴编纂委员会. 第二次中国教育年鉴：第五编 高等教育 第一章 综述[K]. 上海：商务印书馆，1948：573.
⑧ 云南省教育厅廿二年冬季补给国内公私立大学及专科学校滇籍学生奖学金名单[J]. 云南教育，1934，2（10-11）：24.

理院一年级生。福建私立厦门大学一名，闫志龄，教院一年级生"[1]。

（四）庚款补助

庚款补助是私立高校经费的一项特殊来源。庚款补助在民国时期主要涉及美国、英国、法国和俄国，这几个国家分别设立中华教育文化基金会、中英庚款董事会、中法教育基金委员会和俄庚款委员会管理庚款退还及使用。1924 年至 1949 年间，中华教育文化基金会共计补助了中国大专院校 233 次、研究机构 139 次、教育文化事业团体 147 次。中英庚款董事会补助高等教育与研究机关，无论省立、国立、私立，曾受庚款补助者七十余家，达 600 万元以上，约占总数 1800 万元的 35%。中法大学、中法工学院均由中法教育基金委员会设立。私立华北文法学院得"补助庚款五万元"。[2]1935 年，中英庚款董事会补助"南开大学算学系设备费二万元；燕京大学设备费一万五千元；厦门大学购置科学图书费一万元；湘雅医学院设备费二万元"[3]。焦作工学院得"中华教育文化基金董事会捐助一万元，作增加设备之用"[4]。"中华私立五大学联合会"要求"援助中法中国两大学例，以俄庚款补助该会五大学每年二万元"[5]，已得到蔡元培允准。1925 年，武昌中华大学、明德大学、大同大学均得到庚子赔款 1 万元。[6]可见，在经费窘困的背景下，庚款补助对缓解私立高校经费紧张是有着积极意义的。

二、内源性资本

（一）债券发行

债券发行是发行人以借贷资金为目的，依照法律规定的程序向投资人邀约发行代表一定债权和兑付条件的债券的法律行为，债券发行是证券发行的重要形式

---

① 云南省教育厅廿二年冬季补给国内公私立大学及专科学校滇籍学生奖学金名单[J]. 云南教育，1934，2（10-11）：24.
② 中华民国教育部教育年鉴编纂委员会. 第二次中国教育年鉴：第五编 高等教育 第一章 综述[K]. 上海：商务印书馆，1948：722.
③ 本年中英庚款补助教育文化费之支配[J]. 科学，1935，19（5）：818-819.
④ 焦作工学院之展望[J]. 焦作工学生，1933，2（1-2）：5.
⑤ 五私大清庚款补助感言[J]. 天津大公报·新闻周报，1931，8（27）：1.
⑥ 申报[N]. 1925-7-18.

之一。私立高校已成功运用这种方法谋求经费。1933 年，复旦大学首开中国高校发行债券之模式，发行公债 4 万元，年息 1 分。[①]1935 年，光华大学初建之时，经费不足，遂"发行建筑公债以充之，购者亦甚踊跃"。[②]1936 年，大夏大学亦发行建设债券，以应对开支之不足。[③]

（二）资产运营

私立高校的举办者具有较强的现代经营意识，善于资产运作。校长潘序伦将立信会计专科学校和图书用品社、会计师事务所融为一体，后两者为学校提供实习场地、实践教师和教育经费。此外，立信会计专科学校"除夜校专科外，同时招收市区班夜校新生。同年秋，添设三学期制会计职业训练班"[④]。1934 年，教育部指定部分高校举办中等学校理科教员暑假讲习班，其中"私立大学有厦门大学、金陵大学、南开大学"[⑤]。这不仅培训了中等学校师资，也增加了学校收入。

（三）基金利息

将学校资本储蓄生息、经营获利亦是私立高校经费的一项重要来源。当然，收入的多寡与学校投入的规模、是否懂得资产运作有很大关系。私立重辉商业专科学校"校董会原有基金四百万元，嗣增等一千一百万元，后复增二万万元。现有基金二万万一千五百万元"[⑥]。中原公司胡石青、王博沙捐股十万元给焦作工学院，"所得利息，逐年滚存。二十年后，可有百万之巨。"[⑦]私立中华工商专科学校 1947 年"上学期，基金息金收入为 115 200 000 元，下学期，预算基金息金收入为 242 000 000 元"[⑧]。私立东亚体育专科学校基金利息则成为其最主要的收入来源。[①]

① 许有成，柳浪. 复旦经纬——百年掌故及其他[M]. 上海：上海人民出版社，2005：78.
② 光华大学简史[J]. 光华大学半月刊，1935，3（9-10）：2.
③ 王炳照. 中国古代私学与近代私立学校研究[M]. 济南：山东教育出版社，1997：441.
④ 中华民国教育部教育年鉴编纂委员会. 第二次中国教育年鉴：第五编 高等教育 第一章 综述[K]. 上海：商务印书馆，1948：781.
⑤ 指定私立大学举办中等学校理科教员暑假讲习班办法大纲[K]. 湖北省政府公报，1934，（47）：11.
⑥ 中华民国教育部教育年鉴编纂委员会. 第二次中国教育年鉴：第五编 高等教育 第一章 综述[K]. 上海：商务印书馆，1948：779.
⑦ 焦作工学院之展望[J]. 焦作工学生，1933，2（1-2）：5.
⑧ 中华民国教育部教育年鉴编纂委员会. 第二次中国教育年鉴：第五编 高等教育 第一章 综述[K]. 上海：商务印书馆，1948：783.

（四）租息

房屋、地产出租获取的房租、地租亦是学校的一项收益。据《第一次中国教育年鉴》的统计数据，1931 年，私立高校租息位列前五的分别是：大夏大学（220 155 元）、光华大学（215 011 元）、广东国民大学（171 805 元）、沪江大学（165 115 元）和复旦大学（163 703 元）。租息收入占总收入前五的分别为：沪江大学（112 977 元）、震旦大学（80 000 元）、辅仁大学（92 259 元）、金陵大学（117 692 元）、南开大学（59 351 元），占全年经费的比例分别为：36%、20.3%、18.6%、17%和 16.7%。[②]私立广州大学租息收入虽然未能位列前五，但以"学杂费为大宗，次为产息"[③]。其中，沪江大学不论是收入总额还是占总收入的比例，均位居前五。1937 年，私立高校租息收入为 615 028 元，占私立高校总收入的 5.2%。[④]

（五）杂项收入

杂项收入是指国内外捐款、学生缴费、补助款、财产收入、庚款补助等之外的收入。据《第一次中国教育年鉴》的统计数据，1931 年私立高校杂项收入位居前五的分别为：中法大学（150 000 元）、金陵大学（396 608 元）、私立广州大学（204 004 元）、燕京大学（235 129 元）和辅仁大学（58 992 元）。杂项收入占总收入前五的为：私立广州大学（204 004 元）、金陵大学（396 608 元）、燕京大学（235 129 元）、中法大学（150 000 元）和沪江大学（39 972 元），分别为 77.3%、57.5%、22.9%、22%和 12.6%。其中，中法大学、金陵大学、私立广州大学、燕京大学，不论是杂项收入总额还是占总收入的比例，均在前五之列。[⑤]

---

① 中华民国教育部教育年鉴编纂委员会. 第二次中国教育年鉴：第五编 高等教育 第一章 综述[K]. 上海：商务印书馆，1948：790.

② 中华民国教育部教育年鉴编纂委员会. 第二次中国教育年鉴：丙编 高等教育概况[K]. 上海：商务印书馆，1948：87-104.

③ 中华民国教育部教育年鉴编纂委员会. 第二次中国教育年鉴：第五编 高等教育 第一章 综述[K]. 上海：商务印书馆，1948：656.

④ 中国第二历史档案馆. 中华民国史档案资料汇编：第五辑 第三编 教育（一）[G]. 南京：江苏古籍出版社，1994. 332.

⑤ 中华民国教育部教育年鉴编纂委员会. 第二次中国教育年鉴：丙编 高等教育概况[K]. 上海：商务印书馆，1948：87-104.

三、融资状况分析

表 6-1　民国元年至民国二十年间高等教育经费岁入表（单位：元）[①]

类型	总收入	国省库款	财产收入	捐助款	学费	杂项收入
国立高校	1 391 922	11 403 672	86 478	1 954 172	354 721	102 172
	100	81.94	0.62	14.02	2.56	0.86
省立高校	5 454 470	5 069 616	43 752	*	180 094	33 028
	100	95.19	0.82	*	3.37	0.62
私立高校	14 242 335	852 647	1 662 343	7 066 536	2 865 199	1 795 610
	100	5.98	11.68	49.80	20.08	12.65

表 6-2　民国二十五年度全国高等教育概况统计表（单位：元）[②]

类型	总收入	国省库款	财产收入	捐助款	学费	杂项收入
国立高校	16 463 933	15 555 892	31 130	242 000	428 147	207 542
	100	94.48	0.19	1.47	2.60	1.26
省立高校	6 776 736	5 702 553	650	102 410	106 767	864 356
	100	84.15		1.51	1.58	12.75
私立高校	15 864 774	1 921 019	738 353	6 421 485	2 886 467	3 580 310
	100	12.10	4.35	40.48	18.19	22.57

　　民国私立高校虽然资金来源不尽相同，但大都包括社会捐款、学生缴费、政府资助、庚款补助、资产运营、杂项收入等，基本形成了多层次、多渠道的融资模式。私立高校得到的国省库款为 852 647 元，仅占 5.98%。这说明政府对私立高校的投入不足，亦从反面说明私立高校的经费主要以创办者自筹为主。捐助款为 7 066 536 元，占 49.8%。这说明私立高校得到了来自国内外的大力资助，保证了学校的正常运转。学费为 2 865 199 元，占私立高校收入的 20.08%，这是私立高校最稳定的收入来源。

　　1936 年的统计数据相对于 1931 年的来说，最显著的变化就是私立高校在总收入变动不大的情况下，国省库款由 852 647 元提升到了 1 921 019 元，由占总收

① 1934 年中华民国教育部教育年鉴编纂委员会. 第一次中国教育年鉴：丁编 教育统计[K]. 台北：台北宗青出版社，1991：50.
② 中国第二历史档案馆编. 中华民国史档案资料汇编：第五辑第三编 教育（一）[G]. 南京：江苏古籍出版社，1994. 298.

入的 5.98%上升到 12.10%。这得益于南京国民政府 1927 至 1937 年的国民经济建
设运动。1936 年，国民经济达到了旧中国历史上的最好时期，为政府补助私立高
校奠定了物质基础；同时，随着经济的发展，国家专款补助私立高校，对私立高
校经费资助的力度不断加大，且逐步规范化。

第三节　民国私立高校教育经费筹措的特点

一、基本形成多元化筹资体系

民国私立高校收入来源中，1931 年，国省库款、财产收入、捐助款、学费、
杂项收入分别为 11 403 672 元、86 478 元、1 954 172 元、354 721 元、102 172 元，
占比分别为 81.94%、0.62%、14.02%、2.56%、0.86%；1936 年，国省库款、财产
收入、捐助款、学费、杂项收入分别为 1 921 019 元、738 353 元、6 421 485 元、
2 886 467 元、3 580 310 元，占比分别为 12.10%、4.35%、40.48%、18.19%、22.57%。
资金来源虽然不尽相同，但大都包括社会捐款、学生缴费、政府资助、庚款补助、
资产运营、杂项收入等，基本形成了多层次、多渠道的融资模式。据 1931 年和
1936 年的统计数据，捐助款分别占 49.8%和 40.48%，这说明私立高校得到了来自
国内外的大力资助，保证了学校的正常运转；学费分别占 20.08%和 18.19%，这
是私立高校最稳定的收入来源。

二、政策法规相对健全

政策法令因素是私立高校合法存在、合理发展的前提。民国政府注重教育法
令法规的制定，诸如《私立大学规程》《私立大学及专门学校立案条例》《私立专
科以上学校补助费分配办法大纲》《省私立专科以上学校战区学生贷金暂行条例》
《捐资兴学褒奖条例》《中华民国训政时期约法》《公私立专科以上学校经费稽核
委员会组织办法》《非常时期国立中等以上学校及省立私立专科以上学校规定公费
生办法》等文件，涉及私立高校的注册、招生、经费资助、经费审核及学生毕业
等情况，法令完备，可操作性强。特别是《捐资兴学褒奖条例》《私立专科以上学

校补助费经费分配办法大纲》的颁布，以法律法规的形式确立了对私立高校的补助。民国政府尊重私人财产、给予税收优惠、鼓励捐资兴学，为私立高校融资提供了有力的法律保障。

三、创办者或校长均是出色的"募捐专家"

民国私立高校的校长或创办者均是出色的"募捐专家"，如南开大学校长张伯苓、岭南大学校长钟荣光、厦门大学创建者陈嘉庚，都善于利用一切资源，广泛募集资金。除了鼓励捐资助学、投资实业、经营实业、校董捐助筹资渠道之外，还有就是充分利用校友会的作用。南开大学重视发掘校友资源，校友会遍及国内外，为南开捐资众多。筹款的类型不限于货币，也包括实物、有价证券；筹款的对象不仅包括个体平民、社团、校友，也涵盖军、政、商等高层人士；筹款的范围除了国内，还拓展到海外的财团、华侨和基金会。

第四节　民国私立高校教育经费筹措的问题

一、国家层面上，政策万全难

民国政府致力于发展公立高等教育体系，这样自然会挤压私立高校的发展，在政策制定上歧视私立高校。例如，1941年中正奖学金分配名额"在校生二百名，配与国立大学一百名，省立大学十名，私立大学四十四名，配与独立学院二十三名，省立独立学院六名，私立独立学院八名，国立专科学校七名，省立专科学校二名"[①]。1947年，因物价上涨，"中正奖学金仅分配与国立大学及国立独立学院。"[②]各省政府亦不能公平对待公私立高校。《广西省自费肄业专科以上学校学生贷学金贷予标准及偿还办法》规定多个贷款先后顺序为"同级学校则先国立次公立再次为已立案之私立学校"[③]。1932年，私立大学赣籍学生因江西省教育厅

---

① 中华民国教育部教育年鉴编纂委员会. 第二次中国教育年鉴：第五编 高等教育 第一章 综述[K]. 上海：商务印书馆，1948：573.
② 同上.
③ 广西省自费肄业专科以上学校学生贷学金贷予标准及偿还办法[J]. 群言，1934，12（5）：47.

"辄以经费不足分配为拒"向教育部请愿，希望教育部"令饬江西省教育厅转呈江西省政府拨款津贴上海立案私大赣籍学生"。然，教育厅表示"原有国立大学赣籍各生之津贴，因人数日增，已属不敷分配，而立案私立大学各生，为数尤夥，援例津贴，实难负担"①。同时，学校能否得到补助，"仍不免取决于其背后所隐藏之政治势力之大小"②；并且"这种款项能否继续，又全视其校长在党政方面有无势力以为断，不幸校长失去其特殊势力，此款又无着落了"。③

二、社会层面上，助学之风淡

我国深受封建专制思想的影响，国人社会责任感不强，缺乏对社会公益事业的巨大热情，很难形成浓郁的捐资助学之风。一是热心文化事业的资本家凤毛麟角，"其巨款都已汇存欧美各国的大银行，根本就不愿拿回祖国来使用。并且他们对于文化事业毫无兴味。所以对于大学募捐多采取一毛不拔的态度。"二是资本家"在社会服务上并无踊跃输将的精神，输资兴学的风气在今日的中国社会尚未养成"。三是我国家族制度仍未被打破，资本家的遗产都被其亲族分子分完了，即便是想捐款，但"在生前并无自由处置其财产之实权。"④当然，这与当时的经济条件密切相关，"我国农村破产、城市凋敝，新兴工业不仅不能继续进展，而且有渐趋崩溃之势。"⑤英美庚款委员会对于优良之私立专科以上学校的援助也"多取决于政治的或友谊的因素"⑥。

三、学校层面上，社会贡献低

国外资本家之所以乐于给高校捐赠，是因为"外国各大学的研究与发明对于工商业的进步常有珍贵之贡献"⑦；然而，民国私立高校的教育教学与社会生产的

---

① 呈复经费有限关于私立大学赣籍学生请款津贴无法筹措呈教育部[J]. 江西教育行政旬刊，1932，1（1）：1.
② 邱椿. 我国私立大学之前途[J]. 中华教育界，1936，24（6）：108.
③ 同上.
④ 同上.
⑤ 同上.
⑥ 同上.
⑦ 同上.

脱节相对严重，导致很难获得社会的认可和资本的支持。时人认为，"我国大学的研究与生产毫无关系，有时且被认为洋入股，大学有什么资格向社会捐款，在一般人看来，大学是高等游民制造所，给予资助并非功德，而是罪恶。"①另外，"私立大学的经费大部分靠学费，自然招收学生不免太滥，淘汰学生不能太严，学生程度低落更是当然的结果了。"②这样就导致私立高校的学生社会认可度低。所以，即便是热心教育的人士也不愿意给高等教育捐款，更不会主动捐钱给私立高校。

四、学生层面上，承受能力差

民国时期，战乱频仍，农村破产、城市凋敝，民族经济严重衰退，民众的生活异常困苦。私立高校高额的学习费用，令一般家庭难以承受。张云衡感叹私立高校"变成了清寒子弟们望门兴叹的场所。一学期一学期直线上涨着的学杂费之外，再加上书费、膳费、宿费以及其他巧立名目的诸项费用之支出，一般家长皆不胜其负担"③。这致使不堪重负者选择中途退学。虽然，政府对贫困学生予以补助，但"款类有限，僧多粥少，杯水车薪，无济于事"④。

第五节 对当今民办高校经费筹措的现实启迪

经费的充足与否，关系着学校的兴衰存亡。民国私立高校筹集经费的成败得失，对今天民办高校解决教育经费问题具有一定的启迪和借鉴意义。

一、积极利用校董的社会影响力

民国私立高校重视董事会的建设，广纳政商人士组成董事会。私立光夏商业专科学校"聘请孙科、黄绍雄、潘公展、江一平、陈世昌等十五人为董事，组织董事会，推举孙科为名誉董事长"⑤。私立江南大学"推吴瓘恒为董事长，戴季陶、

① 邱椿. 我国私立大学之前途[J]. 中华教育界，1936，24（6）：108.
② 青士. 政府应补助立案之私立大学[J]. 教育与职业，1933，（143）：169.
③ 张云横. 私立大学里的坏现象[J]. 时与文，1947，2（8）：10.
④ 邱椿. 我国私立大学之前途[J]. 中华教育界，1936，24（6）：108.
⑤ 中华民国教育部教育年鉴编纂委员会. 第二次中国教育年鉴：第五编 高等教育 第一章 综

荣宗铨、荣一心、荣尔仁、荣鸿三、荣幻智、薛明剑、张渊若等为董事"[1]。私立中华工商专科学校的"校董有张华、黄炎培、宋汉章、陈光甫、钱应之、杜月笙、虞作孚、康心如、王芸五、王晓籁、潘公展、张嘉璈、吴蕴初、邓鸣阶等三十五人，推张华为董事长，黄炎培为副董事长"[2]。学校董事大量捐款带动了社会捐助，银行提供贷款等，有利于学校筹集经费。当下私立高校董事会结构较为单一，董事多为出资人，缺乏政界、商界、金融界等社会名流。一个开放、包容的董事会有利于加强学校与社会各界的联系与合作；有利于社会力量支持、参与学校的建设和发展。说到底，有利于实现董事会为学校建设筹资的现实功能。

二、采取激励措施，鼓励捐资助学

民国私立高校注重对捐赠者的及时反馈和对捐赠者的谢意表达。中法大学图书馆获得诸多赠书，"天津工商学院、华北农业合作事业委员会、南华月刊社、国立北平大学院、全国经济委员会、国立中山大学、河北省立第一图书馆、刘彦贞先生：《东三省政略》7 册，《接管胶济铁路记》1 册；周止庵先生：《影印周氏医学丛书》72 册。"[3]中法大学特意在《中法大学月刊》上予以反馈，保证捐赠的透明度。按学校规定给捐赠单位和个人冠名学校建筑物及学校的做法，岭南农科大学表现得很突出。"凡捐美金十万元者：大学堂内铸全身凸形铜像，山水楼阁配景，并历史表扬。捐六万元及以上者：大学堂内铸全身凸形铜像。捐三万元及以上者：大学堂内铸半身凸形铜像。捐一万元及以上者：大学堂内挂油彩全身画像。捐五千元及以上者：挂油彩半身画像。捐一千元及以上者：大学堂内挂水彩半身画像。捐五百元及以上者：大学堂内铸名于铜牌。捐一百元及以上者：大学堂内刻名于石碑。"[4]现今民办高校可借鉴民国私立高校的做法，开发合作共赢的捐赠产品，比如对学术论坛、学术会议、相关建筑物的资助。当然，学校也可在法律允许的范

述[K]. 上海：商务印书馆，1948：791.
① 中华民国教育部教育年鉴编纂委员会. 第二次中国教育年鉴：第五编 高等教育 第一章 综述【K】. 上海：商务印书馆，1948：672.
② 同上：782.
③ 中法大学图书馆收到赠书鸣谢[J]. 中法大学月刊，1937，11（3）：103-104.
④ 岭南农科大学续订捐款条例[J]. 农事月刊，1924，2（11）：50-51.

围内给予捐赠者以物质或精神上的回馈。更重要的是，学校要公开透明地使用捐赠物资，以提高社会对私立高校捐赠的信心。

三、努力争取政府资助

现今民办高校应积极争取政府的财政资助，以增强社会竞争力和公众支持性。民国时期，私立高校通过奖学金、贷学金、税收优惠、中央和地方政府补助等方式获得政府支持。据 1931 年统计，私立学校得到国省库款为 8 520 647 元，占全部学校教育经费的 5.89%[①]，虽然不多，但具体到各私立高校，情形各有不同。例如，南开大学国省库款为 190 000 元，占年收入的 53.5%；武昌中华大学为 31 792，占比 7.5%；东吴大学为 5 000 元，占比 2.4%。[②]高等教育是准公共产品，政府有责任予以资助；况且，高额学费不能单独支撑民办教育的可持续发展。所以，政府理应在区分营利性和非营利性高校的基础上，予以区别资助。

四、发展校办产业，深化校企合作

民国私立高校在经费窘境之下发展校办产业的做法值得现今私立高校效仿。民国私立大学创办了机米厂、锯木厂、运输部，另有机器厂、砖瓦厂、农场等，"现木米两厂每月收入除去一切开支消耗外，尚可达四五千万"。[③]在当今高校向应用型转型的时代背景下，民办高校利用校办产业实现校企合作，既能为学生提供实习实训基地，增强学生的就业能力；又能推进产教结合，创建品牌专业；还能促进成果转化，创造经济效益，增强学校的造血功能。以校企合作为桥梁，将科研、育人、服务有机结合，充分实现高校服务地方经济建设和社会发展的社会功能。

---

① 1934 年中华民国教育部教育年鉴编纂委员会. 第一次中国教育年鉴：丁编 教育统计[K]. 台北：台北宗青出版社，1991：50.
② 中华民国教育部教育年鉴编纂委员会. 第二次中国教育年鉴：丙编 高等教育概况[K]. 上海：商务印书馆，1948：87-104.
③ 中国第二历史档案馆编. 中华民国史档案资料汇编：第五辑第三编 教育（一）[G]. 南京：江苏古籍出版社，1994. 276.

第七章 近代私立高校经费筹措的个案分析

第一节 博弈视阈下民国教育界庚款用途之争

庚子赔款，是晚清政府在 1901 年与西方 11 国签订的《辛丑条约》中所规定的赔款。总额为关平银 4.5 亿两，年息 4 厘，分 39 年还清，本息共计 9.8 亿两。1909 年，美国率先决定减免部分赔款，用于发展中国教育事业。随着国际形势的变幻，英、俄、法、日、比、意、荷等国亦先后声明退回赔款余额，用作中国发展文化事业或铁路等实业。围绕着退赔庚款，教育界与政府展开了实业抑或兴学的博弈；教育界内部对于优先发展国省立高校抑或私立高校也展开了争夺。学界对庚款的研究虽硕果累累，但对教育界庚款用途的争论着墨不多，对私立高校与庚款的关系几无论及。

一、教育界与政府的博弈：筑路抑或兴学

（一）政府：以"庚款筑路"的名义

北洋军阀以庚款筑路掩人耳目，行侵吞款项用作军费之实。1924 年，具有官方背景的全国道路建设协会发表全国通电，主张庚款筑路裁兵，得到孙传芳、马福祥、王文典、伍廷芳、叶恭绰、吴佩孚的大力支持，一时庚款筑路成为政府主流。

吴佩孚污蔑学生者学"生"，教育者教"育"，男女共学之校为埋私生子之场所[①]，还武力逼迫政府召开教育、外交、财政、交通四部会议，议定庚款修建陇海铁路、粤汉铁路、川汉铁路，以挪作战争经费。[②]北洋军阀主张筑路优先，认为通

---

① 智者. 异哉教育界又争庚款[J]. 铁路协会月刊，1929，1（2）：1-2.
② 哈幼珊. 庚款兴学与造路之问题[J]. 道路月刊，1924，11（1）：3-6.

过修筑铁路促进产业勃兴，使得"教育经费之出处不过反掌间事"，同时，可以将"不生产之兵卒及游民用为工人"，一方面"兴彼等以职业"，另一方面可以"裁兵及防匪"。[①]

民间对此亦多有响应。时人提出庚款筑路益处有三：一是"一国有完全之铁路，风气乃能开通。一国有完全之国道，交通始称便利。且功成之后，收入恒丰，较之存储银行，租且倍蓰"。二是"以之兴学，则款项充足，施之实业，则资本大"。三是"欲修国道，无待招工，正可以兵代工，藉作裁兵之擘画"。[②]并从反面论证，如庚款兴学，按时拨付，则"学无止境，而款有尽时"，若存银行，则"生息甚微，而坐失厚利"。[③]

（二）学界：以"庚款兴学"相抗争

中国特殊的政治环境使得学界虽对庚款筑路有认同之感，却无支持之由。国家战乱不断，教育界索薪事件层出不穷，胡适、李石曾等皆反对庚款筑路，积极主张用于兴学，将庚子赔款作"全国教育基金"，[④]独立于政府之外，明定专款专用。

兴学派对筑路派进行了激烈的反驳。其一，教育经费之需用是燃眉之急，"不遑待铁路收入与产业发达"。[⑤]教育关系国本，更不可停顿，万不能等经济发达了，再来办教育。李石曾批判筑路优先、教育其后者说："以若干年后希望中所得之建设事业盈余为教育经费，无异养育幼子，暂断其乳食，而望来年收获所得，许为给养。"[⑥]其二，兴学派对筑路派的观点提出诸多质疑，第一，资金能否确实使用于筑路费？第二，兵工政策能否确实实行？第三，铁路能否合理地运用？第四，其收入是否能拨付兴学资金？[⑦]言辞犀利，直击筑路派的要害。双方争论之余，兴学派还是认为"独以直接使用于教育费较为安全也"[⑧]。

---

① 吴佩孚坚持主张用庚款修筑粤汉、川汉铁路[N]. 申报，1924-8-16.
② 哈幼珊. 庚款兴学与造路之问题[J]. 道路月刊，1924，11（1）：3-6.
③ 同上.
④ 中华教育改进社之庚款主张[N]. 申报，1924-8-18.
⑤ 哈幼珊. 庚款兴学与造路之问题[J]. 道路月刊，1924，11（1）：3-6.
⑥ 记者. 读李石曾先生力争庚款兴学电[J]. 革命周报，1929，101-110.
⑦ 哈幼珊. 庚款兴学与造路之问题[J]. 道路月刊，1924，11（1）：3-6.
⑧ 同上.

兴学派面对强大的军阀势力，也只能通过舆论宣传、和平上书的方式来实现自己的愿望。1924年，华北大学上请愿书要求庚款"不得任意挪用"，并主张"平均分配，津贴各私立学校"。^①除此之外，学校还派员与外国使团进行交涉，以外来压力逼迫政府将庚款用于兴学，虽有违尊严，但也是无奈之举。民初关于庚款的争夺，最终兴学派占了上风，庚款兴学占领舆论潮流。究其原因，主要是北洋政府不得民心，遭到外国政府和国内民众的反对。

（三）"庚款筑路，孳息兴学"渐成潮流

随着兴学派与筑路派的论争，"庚款筑路，孳息兴学"渐成潮流，兼顾实业与教育的主张得到广泛认可。其中，暨南大学校长赵正平的主张最具有典型性。其拟定的原则如下：（一）已退还之庚赔确定全部或一部为教育基金，由政府特组基金委员会处理之。（二）该项基金由政府商同本国银行组织银行团保管之，预约在确实担保之下，可借充造路经费。（三）基金委员会即以普通存款手续存款于该银行团。（四）交通当局提出确实担保品于银行，与立造路借款契约，以便银行得以按年付息。^②可见，当时的学人已在庚款的管理权上着力，并且设计了具体的管理模式，为后来庚款的管理提供了参考。

庚款筑路优先，也与当时的国内背景密切相关。国民政府成立，政治统一，军阀消减，政府权威强势，筑路派胜出也是自然。当然，兴学派虽没能争得将庚款用作教育基金，但争得了"孳息兴学"，同时也保证了教育基金的独立性。例如，1934年公布的《中英庚款息金用途支配标准》对此作了原则性规定：（一）中英庚款息金，以用于有永久纪念性之教育文化之建筑及有关全国之重要文化实业为原则，不得用以补助任何机关之经常费及临时费。（二）中英庚款息金应兼顾中央及全国各文化中心为适当之支配，务使事业集中，效果普及，以补国内教育文化之缺点。^③

从历史的角度来说，不论是筑路派还是兴学派，都代表了当时中国的不同

---

① 华大关于庚赔用途之主张也[N]. 申报，1924-8-18（2）.
② 哈幼珊. 庚款兴学与造路之问题[J]. 道路月刊，1924，11（1）：3-6.
③ 中英庚款息金用途支配标准[J]. 管理中英庚款董事会半年刊，1934，6：1-2.

利益集团，就庚款的使用权展开角逐是可以理解的。进一步说，也未必单单为了各自的利益集团，这其中也受当时流行的"教育救国""实业救国"思潮的影响。

二、教育发展战略的论争：国省立还是私立

民国时期，教育经费的投入始终不足，但从中央到地方的各级各类教育事业都需要相当经费作为保障。在"孳息兴学"的资源分配上，自然也是纷争不断，其中最重要的是国立、私立之争。

（一）国省立：应补助国立各大学

国立高校在争取庚款上，一是大造舆论，宣扬国立高校使用庚款理所当然；另一方面组织相应的庚款委员会，谋求分配。

在舆论的造势方面，国立高校对私立高校的抨击不遗余力。第一，批评部分私立大学"贪财盗名"，1924 年间，私立大学的数目骤然增加，都因为"赔款作祟"；现在"一般私立大学的信士弟子，喜气洋洋，东奔西突，想求得西方活佛之赏赐，苟延旦夕之命，可怜亦复可笑"。[①]第二，揭露私立高校设备简陋，"现在多数私立大学，就教育上着眼，根本就要停闭，破庙一所。烂讲义数页，是一所大学；厢房九间，除桌凳外，了无长物，是又一大学。"若指望这样的大学发展起来，"非愚即妄"。[②]第三，认为私立大学"既名为私立，就不必乞求公家之补助，私立大学之可贵，在能独立"。为了庚款补助，而"受种种之限制，反而不美"，同时"妨碍他方的发展，人己不利"。[③]第四，认为国立大学"设备稍好一点"，"知名教授亦有几个"，再就是"国立大学中学生因入学竞争稍列，也比较优秀些，好好培植，成才亦易"。因此，主张"应补助国立各大学，也是研究中国实际教育状况应得之结论"。[④]

---

① 岫云. 私立大学与庚子赔款[J]. 现代评论，1925，1（25）：18.
② 同上.
③ 同上.
④ 同上.

（二）私立：应当一视同仁，按数均分

面对国立大学的抨击，私立高校也不甘示弱，针锋相对地予以回击。第一，对于去年骤增的几十个私立大学，"自不能说全不因庚款的作祟"，但都"尚未立案"。固然有为"庚款"而成立的大学，但"一概说他们是为庚款"则"有欠圆通"。第二，关于设备简陋问题，私立大学的设备不及国立大学的，是"普通一般人所承认的"。但私立大学的教授"又何尝没有知名的呢"？对于植初先生所说的国立大学学生竞争激烈，贾宗周先生反驳道："可是我的同学中有的考取私立大学没有名字，考国立大学反倒取上入学了！还有国立私立同时取上，而入了私立大学了！"第三，指出现在的教育制度已是"贵族似的，不是为大多数一般的平民所设的了"，私立大学为国家培养了百分之九十以上的人才，怎么就不能"沾庚款之惠"呢？第四，既然国立大学和私立大学都是办教育，都是造就新国民，那么"庚款不主张用于教育则已，主张庚款用于教育则应当一视同仁"，庚款分配"按学生数目多寡最为公允"。[1]

这虽是个案，但却是民国期间国立、私立大学关于庚款分配争论的缩影。两方互相攻击之言论，都有不妥之处，论战中亦有论证不充分之弊。但从中国教育近代化的路径来审视，可看作国立大学和私立大学关于战略优先发展权的选择权之争。从国家的角度讲，优先发展国立大学虽是自然之举，不过，仍应对成绩优异之私立大学给予庚款补助。此举，一是可以弥补公立大学之不足；二是政府借此把私立大学纳入国家的管理轨道。

三、民国私立高校与庚款补助

（一）对私立高校的庚款补助

以中英庚款为例，说明庚款对民国私立高校的补助情形。自 1934 年起，中英庚款董事会开始接受各校申请，遴选后予以补助。

1934 年，受补助的私立高校有南开大学、燕京大学、厦门大学和湘雅医学院

---

① 岫云. 私立大学与庚子赔款[J]. 现代评论，1925，1（25）：18.

4 所。[①]1935 年，接受补助的私立高校没变，补助经费也没变化，分别为二万元、一万五千元、一万元和二万元。[②]1936 年，在上年的基础上增加了金陵大学、齐鲁大学、岭南大学、华西协和大学、焦作工学院、南通学院和辽宁医学院 7 所，达到了 11 所。[③]这一年的显著变化是开始重点补助农、理、医、工各学院。1937 年，接受补助的私立高校依旧是 11 所，只是去掉了岭南大学和辽宁医学院，增加了华中大学和金陵女子文理学院。[④]1938 年，因受战争的影响，接受资助的私立高校少了 2 所。[⑤]1939 年，资助了 3 所，即南开大学、燕京大学和湘雅医学院。[⑥]因战争的缘故，"大部分利息不能收到"，[⑦]所以，战时接受补助的私立大学自然会减少。每年都受到资助的高校只有南开大学、燕京大学和湘雅医学院。

（二）争取庚款补助的成效分析

正式制度总是与国家权力或某个组织相关联，是指这样一些行为规范以某种明确的形式被确定下来，并且由行为人所在的组织进行监督和用强制力保证实施，如各种成文的法律、法规、政策、规章、契约等。

表 7-1　正式制度下，国省立高校和私立高校对于庚款助学的博弈

	私立高校　积极争取	私立高校　消极争取
国省立高校　积极争取	(6，−4)	(9，−3)
国省立高校　消极争取	(−3，−9)	(−4，−1)

1. 国省立大学背后有政府的强力支持

国民政府强化教育，意图重塑公立高等教育体系，自然在庚款的分配上倾向于国省立大学。国省立大学争夺庚款更有地方政府的强力支持，比如河南省组建了由省党部、教育厅、省教育会、款产管理处和河南大学五机关推选委员组成的

---

① 管理中英庚款委员会下年度教育文化事业用途说明[J]. 农村复兴委员会会报，1934. 2（8）：20.
② 本年中英庚款补助教育文化费之支配[J]. 科学，1935. 19（5）：818-819.
③ 中英庚款会二十五年度文教补助费支配办法[J]. 中央周刊，1936. 422：18.
④ 中英庚款二十六年度教育文化事业补助费[J]. 教与学，1937. 3（2）：154-155.
⑤ 本年度中英庚款支配计划[J]. 教育杂志，1938. 28（10）：78.
⑥ 中英庚款补助费的支配[J]. 教育杂志，1939. 29（1）：51.
⑦ 中国第二历史档案馆编. 中华民国史档案资料汇编：第五辑第二编　教育（一）[G]. 南京：江苏古籍出版社，1994，275.

河南全省教育界力争摊配庚款委员会，函"庚子赔款委员会，据理请拨"，力争同等分配，拟将该款"专办河南大学设备及文化学术研究事业之用"。[①]

2. 受庚款分配原则的限制

以英庚款为例，做简单探讨。《中英庚款息金用途支配标准》对用途有规定："分期补助国内成绩昭著之高等教育及研究机关必需之建筑费或设置讲座，特别注重农工医理四科。"[②]民国私立大学勃兴，但由于没有中央经费的支持，能达到"成绩昭著"标准的也只有南开大学等为数不多的私立高校。大批亟需资金支持的私立高校则达不到庚款补助的标准。私立高校的创办者出于经费的考虑，大多选择兴办耗资少、见效快的文科类专业，而不愿意兴办需要大量昂贵实验设备的理工农医类专业。由此看来，得到庚款补助的私立高校较少也是有原因的。具备"成绩昭著"和"农工医理"条件的民国私立高校更是少之又少。以 1934 年下半年为例，中英庚款对中央大学、中山大学、武汉大学、浙江大学等 7 所国省立高校补助 22 万元；对南开大学、燕京大学、厦门大学 3 所私立高校补助 4.4 万元。[③]

在正式制度下，国省立高校是庚款补助的当然获得者。私立高校受国家教育战略选择的制约，再加之受庚款分配原则的限制，只能被动等待。最终，博弈时出现的现象是，国省立高校积极争取，而私立高校只能选择消极争取。选择是（9，−3）。

表 7-2　非正式制度下，国省立高校和私立高校争取款项的博弈

	私立高校 积极争取	私立高校 消极争取
国省立高校　积极争取	（−6，−6）	（−9，1）
国省立高校　消极争取	（1，−9）	（−1，−1）

非正式制度是指对人的行为不成文的限制，是与法律等正式制度相对的概念，包括价值信念、伦理规范、道德观念、风俗习惯和意识形态等。

---

① 赵质宸. 河南教育界力争庚款之理由之今后进行之骤步[J]. 河南政治月报，1931，1（2）：1-2.
② 中英庚款息金用途支配标准[J]. 管理中英庚款董事会半年刊，1934，6：1-2.
③ 管理中英庚款委员会下年度教育文化事业用途说明[J]. 农村复兴委员会会报，1934. 2（8）：20.

3．办学成绩是否卓著

不论时人如何抱怨分配不公，但每年得款者多是办学成绩卓著的私立高校，如私立南开大学、燕京大学、厦门大学和湘雅医学院等。庚款对私立高校的补助亦是有针对性的，特色专业得到了相应资助。例如，1937年中英庚款补助私立金陵大学农、理两院二万元；私立岭南大学孙逸仙博士医学院公共卫生部分建筑设备费二万元；私立南通学院研究棉作病虫害一万元；私立南开大学农业经济研究图书费六万元，工学院设备费三万元，等等。①历年对私立高校的补助都体现了这一原则。这说明，办学特色鲜明、社会认可度高的私立高校更容易得到庚款补助。

4．政治或友谊方面的因素

邱椿曾总结道："英美庚款委员会对于优良之私立专科以上学校亦曾予以相当的援助。但不幸其受补助与否亦多取决于政治的或友谊的因素。"②私立大学受制于实力、人脉方面的限制，在谋求庚款补助上困难多多。当然，不乏成功之案例。例如，"中华私立五大学"谋求俄庚款"每年两万元"成功。这是因为学校拜会了蔡元培，并得到允准，"李石曾先生既赞成，本人尤赞成，我二人既同意，张静江先生想亦无问题。"③此三人均是俄庚款委员会委员。难怪时人感叹："固不能如五私立大请求补助，独有成功望也。"④程其保曾指责庚款分配不均，"北京大学每年获得二十万元之补助费"，其"内幕如何，未可得知"，但"就其表面观之，不平之例，未有甚于此者"。⑤庚款的分配虽有规则，但不公正，以至于有人心有不平地说："据我们所知，还是先生等的朋友学生多。"⑥

为了学校的发展，不论是国省立大学还是私立大学的办学者们均各尽所能，极力争取。办学特色鲜明、社会认可的大学都得到了庚款补助。当然，特色鲜明的高校得到的庚款并非均衡，国省立大学的校长们相对于私立高校的创办者、校长，拥有更多的人脉关系和更大的社会影响力，得到的庚款也就多些。在非正

---

① 中英庚款二十六年度教育文化事业补助费[J]. 教与学，1937.3（2）：154-155.
② 邱椿. 我国私立大学之前途[J]. 中华教育界，1936，24（6）：108.
③ 五私大清庚款补助感言[J]. 天津大公报·新闻周报，1931，8（27）：1-2.
④ 同上.
⑤ 程其保. 中英庚款董事会的远见[J]. 新民族，1938.2（9）：144.
⑥ 中英庚款专办文化事业之商榷[J]. 不忘，1933，1（12）：4.

式制度框架下，最终的占优选择是（-1，-1）。

在教育经费窘困的背景下，庚款补助无异于雪中送炭，对私立高校的扶植不可谓不大，且补助具有很强的针对性，主要集中在设备费、建筑费和图书费上。但具体分析后可见，对私立高校的资助还是非常零星的，无通盘资助之计划。对此，著名教育家程其保曾评论道："补助之标准，无从明了，以致此校五千，彼校一万，此人一千，彼人三千，零星碎散。名虽补助，实际上，对于研究事业，或因款项微细，或因计划缺乏，究难切实执行也。"[①]

民国时期，国省立高校和私立高校对庚款补助的多方博弈，对当今民办高等教育的发展亦有所启迪。从政府角度来讲，遴选社会声誉好、示范带动作用强的特色大学或特色专业、紧缺专业加以扶持势在必行，以求重点突破，带动全局。当然，政府应在区分营利性和非营利性的基础上，给予不同的规范性的扶植、待遇，并进行监督。对民办高校来讲，要主动顺应国家高等教育发展战略，根据地方经济和社会发展需要，办出学科特色，形成区位优势，建成高水平应用型大学，才能得到社会的认可和国家的扶持。总之，政府与民办高校形成良性互动，才能推动民办高校的科学发展，形成公办学校和民办学校共同发展的高等教育大格局。

第二节　私立大夏大学经费筹措探析

私立大夏大学由王伯群、马君武等人于 1924 年创建于上海。1937 年，学校西迁贵阳，1946 年迁回上海，1951 年与光华大学合并为华东师范大学。秉承自强不息的办学精神，大夏大学成为民国著名的综合性私立大学，被誉为"东方哥伦比亚大学"。因战乱不断、经济窘困及其私立性质，办学经费并不宽裕，多元化筹措教育经费成为大夏大学的首要职责。探寻大夏大学经费来源及其特点，有助于了解大夏大学的经费构成，对当下民办高校资金筹措亦有所裨益。

---

① 程其保. 中英庚款董事会的远见[J]. 新民族，1938. 2（9）：144.

一、学生学费

学费是大夏大学最主要也是最稳定的经费来源，学生的多寡关系到经费的多少。和其他私立高校一样，大夏大学在初创阶段经费拮据，较为困难，但招生人数逐年上升，一定程度上缓解了经费压力。大夏大学在 1929 年时，学生缴费为 220 155 元，占总收入 424 400 元的 51.9%。[①]当然，大夏大学违规扩招，亦遭到了社会诟病。大夏大学在 1930 年时招收新生四次，共收录一千三百余人。时人林士游指责大夏大学"至少可以说百分之四五十是伪造文凭的"，但仍进行招录。然而，学校在收费后，却"变了一副狰狞的面孔，严查伪造文凭的同学"，将其开除，且学校"不惟不退回一些学费，且宿费杂费等都全尽没收"。[②]除 1937 年、1938 年因抗战学校自上海迁往贵阳办学，生源受影响外，大夏大学招生一直很稳定，自 1930 年起均维持千人以上规模，1947 年秋达到 2617 人。[③]战乱年代，民生凋敝，学费的缴纳并非及时，大夏大学董事会多有催缴学费的议题。

二、政府补助

中央和地方政府的补助是大夏大学的重要的经费来源之一。30 年代以来，国民政府陆续颁布了《私立大学、专科学校奖励与取缔办法》《教育部关于中等以上学校设置奖学金案》《私立专科以上学校补助费分配办法大纲》《省私立专科以上学校战区学生贷金暂行规则》和《教育部公布各级学校设置免费学额及公费学额规程》等法令，规范对私立高校的补助。1934 年，大夏大学获得教育部核给补助费"一万五千元。计教育学院图书费二千元，理学院数理教席费四千元，理化设备费九千元"[④]。1935 年，大夏大学获得补助费"一万六十余金"，徐仁铣教授被评为特种教授。[⑤]地方政府亦对大夏大学予以资助，如贵州省政府"拨西社坡、瓦渣坡两处山地"作为学校的职业教育系实验农场，[⑥]西南公路局辅助大夏大学社会

---

① 1934 年中华民国教育部教育年鉴编纂委员会. 第一次中国教育年鉴：丙编 高等教育概况[K]. 台北：台北宗青出版社，1991. 87-104.
② 林士游. 文凭与学费[J]. 生活周刊，1930，6（3）：80-81.
③ 本校历年学生人数比较表[N]. 大夏周报二十四周年校庆特刊，1948-6-1（1）.
④ 教育部核定本大学补助费一万五千元[N]. 大夏周报，1934-10-22（1）.
⑤ 教育部核准徐仁铣教授担任本校特种教席[N]. 大夏周报，1935-9-23（1）.
⑥ 廿八年春季进行事项汇录[N]. 大夏周报，1939-7-5（1）.

研究部"二千元"。[①]贵阳市政府将节约储金杯篮球锦标赛主办权交予大夏大学，使其所得"一千一百七十六元"。[②]大夏大学自贵阳迁回上海后，资金困难，政府及时划拨"五亿元"[③]，作为建设之用。

除了对学校的补助，政府对私立高校的教师与学生亦给予补助。1942年，大夏大学"黔籍学生免费全额五十名、免费半额四十八名，战区学生生活贷金全额七十六名、半额四十六名，其他学生学费贷金全额四十八名、半额九十八名。"[④]1948年，大夏大学得奖学金名额247名，其中"得三十金圆者一五八名，得四十金圆者四十五名，得六十金圆者四十四名"[⑤]。1942年，教育部汇六千元核发教授、副教授生活补助费，"张伯箴、吴佑民二先生各核发八百元，夏元瑮、苏希轼二先生各核发六百元，陈景琪、朱澂、王佩芬、顾文藻、蔡仲武、邓世隆、王健吾、聂绍经八先生各核发四百元。"[⑥]1945年，教育部拨大夏大学教职员工福利金"国币二七四〇〇〇〇元"[⑦]。

三、社会捐助

经济不振，财政困顿，政府为振兴教育颁布《捐资兴学褒奖条例》，明令"捐资在五百元以上者，授予五等奖状；捐资在一千元以上者，授予四等奖学金；捐资在三千元以上者，授予三等奖学金；捐资在五千元以上者，授予二等奖学金；捐资在一万元以上者，授予一等奖学金"。[⑧]大力倡导社会捐资。

（一）校董会筹款

筹款是董事会最重要的职责，这在《私立学校董事会条例》等文件中已确认。

---

① 校务会议召开十七次会议[N]. 大夏周报，1939-11-21（1）.
② 节约储金杯篮球赛圆满结束[N]. 大夏周报，1939-2-11（1）.
③ 五亿元建筑费　国库局拨发中[N]. 大夏周报，1947-10-15（1）.
④ 学生免费及贷金名单[N]. 大夏周报，1941-3-1（1）.
⑤ 上海市统一奖学金　本校仍为二四七名[N]. 大夏周报，1948-12-1（1）.
⑥ 娄岙菲. 大夏大学编年事辑[C]. 上海：华东师范大学出版社，2014. 540.
⑦ 教职员福利金委员会组织成立　中央拨发二百七十四万元[N]. 大夏周报，1945-11-10（1）.
⑧ 中国第二历史档案馆. 中华民国史档案资料汇编：第五辑第一编 教育（一）[G]. 南京：江苏古籍出版社，1994. 98.

大夏大学建校之初，校董王伯群捐出"银币二千元"[1]，陈树霖允任校董，慨捐巨款，"先交开办费五千元"[2]，托欧元怀等租屋暂作校舍，迅速开学，唯恐学生荒废学业。校董会注重募集经费，积极开展学校基金募集工作，"至募集基金董事方面由各董事担任负责，教职员业已组织募集基金委员会，举出邓崎水、朱经农、徐玮、唐荣滔、俞庆棠、张梦九、王祉伟、傅式说、欧元怀为委员。学生又组织学生募金委员会。"[3]各校董募集经费不遗余力，王伯群先后捐助合计"11万多元"[4]，赴渝开会期间，为学校募集"基金一百一十万元"[5]。校董欧元怀将其父"寿仪五千元"移赠大夏大学作为奖学基金。[6]上海巨商杜月笙热心公益，"鉴于本校办理完善，经费困难，慨捐巨款十万元以资补助。"[7]强大的校董队伍，广交人脉，四处劝募，谋求社会捐助。

（二）个人捐赠

中国素有"急公好义"之传统，再加上政府倡导和大夏大学的极力劝捐，给大夏大学捐资者不胜枚举。大夏大学在南洋募捐时，颇得侨胞领袖解囊捐助，得捐"八万五千元"，分别为"戴培基、戴培元，认捐科学馆建筑费五万元；胡文虎，认捐建筑基金一万元；吴宽、洪启读、林德壮、梁燊南，各认捐建筑基金五千元；林淑董、林金殿、胡清吉、杨兆琰、苏法聿，各认捐建筑基金一千元；杨溢璘、杨运郎暨陈庆先生认捐及代捐建筑基金二千元"。[8]

潘守仁热心教育，对大夏大学租新洋房为预科讲舍的"租金极为优待"，并在宿舍旁代向伊友人处"借得大空地一所"，为大夏大学体育场。[9]潘公展局长大力

---

① 王守文. 王伯群创办大夏大学始末[A]. 中国人民政治协商会议黔西南州委员会文史资料研究委员会. 黔西南州文史资料选辑（第五辑）[C]. 黔西南州：政协黔西南州委，1985. 150-152.
② 大夏大学昨训[N]. 申报，1924-7-21（14）.
③ 大夏大学近闻[N]. 申报，1925-1-7（11）.
④ 娄岙菲. 大夏大学编年事辑[C]. 上海：华东师范大学出版社，2014. 129.
⑤ 王校长返校[N]. 大夏周报，1944-6-25（1）.
⑥ 本校启示[N]. 大夏周报，1934-6-6（1）.
⑦ 杜月笙慨捐巨款[N]. 大夏周报，1930-9-29（1）.
⑧ 南洋募捐补志[N]. 大夏周报，1929-11-20（1）.
⑨ 大夏大学之扩展校舍[N]. 申报，1924-8-26（22）.

支持大夏大学校董发起捐募清寒奖学金运动，并"慷慨认捐五十元"。[①]孙仲英将其存款拨交大夏大学保存，并指定按年将"息金提出三百六十元"，设立广华先生纪念奖学金，奖励"理学院及法学院政治系品学兼优学生"。[②]除了捐赠钱财，热忱教育的士绅还捐赠建筑，"士绅刘玩泉、戴蕴珊、帅璨章三先生各认捐本校纪念建筑一座，理居恒、丁纯武两先生合并认捐一座，又赖永初先生昆仲暨邓义之、邓若符两先生亦拟继续捐赠本校建筑。"[③]更有乐善好义之士捐献恒产，以为校产。例如，乔鸿增捐地 6.13 亩，李轶伦捐地 3.16 亩；[④]华问渠先生慨捐田土四十余亩；[⑤]荣宗敬更是将"西河捐赠本校，以作建设同学健身之场所之用。"[⑥]此即名闻天下的华东师范大学丽娃栗姐河。

大夏师生更是一心为校，踊跃捐赠。查相关资料记载，大夏大学师生素有利用假期分赴各地劝募的传统，并形成相应规范。[⑦]1925 年，大夏大学召开图书馆动员大会，号召"或招青葙之赠，或赐董金之助"，大夏学子当场"认捐票八十一人，捐金一千五百四十元二角，又图书三百三十册"。[⑧]1930 年，大夏大学发起募集运动，向同学、毕业学生及教职员各方面征集图书。至于募集标准，如果是同学，"英文书数量，最低限度五本，每本价值至少在一元以上；中文书数量，最低限度三部，每部价值至少在三元以上。如每部或册，价在十元以上者，不以部或册计。"如果是教职员，"英文书数量，最低限度五本，每本价值至少在二元以上；中文书数量，最低限度三部，每部价值至少在六元以上。如每部或册，价在二十元以上者，不以部或册计。"已毕业的同学与"教职员同"。仅一个多月，师生就捐献"中文书籍四千二百七十七册；外国中文书籍八百二十册；总共五千零九十七册，约值三千五百元。"这还不包括受罢工事件影响未能收到的书籍。[⑨]

---

① 教育局潘局长捐赠清寒奖学金[N]. 大夏周报，1935-9-23（1）.
② 孙仲英捐资奖学[N]. 大夏周报，1937-4-14（1）.
③ 第三十一次校务会议[N]. 大夏周报，1941-4-1（1）.
④ 娄岙菲. 大夏大学编年事辑[C]. 上海：华东师范大学出版社，2014. 129.
⑤ 华问渠先生捐产助学[N]. 大夏周报，1941-2-20（1）.
⑥ 荣宗敬慨捐西河[N]. 大夏周报，1930-9-29（1）.
⑦ 积极进行募捐[N]. 大夏周报，1933-6-19（1）.
⑧ 图书馆动员大会[N]. 大夏周刊，1925-12-19（1）.
⑨ 募书运动结束[N]. 大夏周报，1930-5-14（1）.

（三）海内外团体捐助

上海商业银行辅助事业委员会出于对教育的热忱，捐资辅助清寒学子完成学业。1941年，大夏学子"范美贞、胡声望、钱白永三名，各得辅助金四百元"。[①] 上海证券交易所专门设立清寒助学金免费生三十名，限定选读银行、会计、经济、工管等系之二、三、四年级学生申请。[②]

大夏大学由于战前及战时已造就大批人才且成绩斐然可观，因而得到了海外机构的资助。1939年，洛氏基金董事会补助大夏大学"研究费美金三千元"，折合国币一万八千一百五十元。[③]大夏大学与美国教会援华会渊源颇深，多得其资助。1944年冬，资助"五百美元"；1945年夏，补助"一百美元，自后每月仍有七十美元，用于改善学生生活"[④]。此外，美国教会援华会还向大夏大学捐赠大批教育参考书籍。美国教会援华会驻华办事处主任艾德敷博士于1947年5月专门致信欧元怀校长，"内附美国哥伦比亚大学教育学院之魏特马教授选定之一九三七至一九四四年，及一九四五至一九四六年间之教育参考书籍目录两份。"[⑤]6月份，美国教会援华会又"赠送英文教育杂志四十种"[⑥]。1949年，联合国教育科学文化组织捐赠大夏大学"八十八万元"，用于购置充实学校科学仪器设备之用。[⑦]

（四）校友捐赠

大夏大学极其注重对校友资源的开发和利用，董事会将校友筹款作为重要的工作内容。大夏大学校友亦热心扶持，输财相助。1936年为筹集十五万建设债券，大夏校友"任募推销，极为踊跃"[⑧]，是年冬季"各院科毕业同学会捐建春风亭一所"[⑨]，与夏雨亭南北对峙。

---

① 第三次教务会议议决八要案[N]. 大夏周报，1941-12-5（1）.
② 上海证券交易所设清寒助学金 选读银行会计工管等学生皆可请求[N]. 大夏周报，1947-10-15（1）.
③ 沪校与民谊药厂上海医学院合组药物研究所[N]. 大夏周报，1939-7-5（1）.
④娄岙菲. 大夏大学编年事辑[C]. 上海：华东师范大学出版社，2014. 644.
⑤ 同学福音！美国援华会慷慨赠书 名著数百册 欧王二校长已去函致谢[N]. 大夏周报，1947-5-1（1）.
⑥ 教育学院恢复前夕 美国援华会再度赠书[N]. 大夏周报，1947-6-25（1）.
⑦ 联合国充实我学校设备 七大学获得四百万金圆[N]. 申报，1949-2-3（4）.
⑧ 建设债券积极筹募[N]. 大夏周报，1936-6-13（1）.
⑨ 春风亭落成[N]. 大夏周报，1937-4-14（1）.

1942 年发动的百万基金募集运动，校友总会和各校友分会工作非常努力，而各方热心赞助本校之人士，慷慨乐捐，成绩甚好。其中，吴仲谋先生五千元；袁秉忠先生一千元；陈希先生一千元；吴禹丞先生五百元；张公口先生五百元；刘熙乙、孙口琦先生合捐四千元；郭慧顺先生五十元；李定彬先生五十元；陈纶同学二百元；周玉廷先生一百元；吴文藻先生五百元；李玉墀先生一百元；王绍珊先生二百元；胡仲英先生一千元；付纯嘏先生五百元；欧阳适、林日定两同学合捐一千元。施有才夫妇表示在桐梓方面，可筹募五万元。[①]

战后，大夏大学由黔迁沪，百废待举，广大校友在"合作第一，募捐第一，建校第一"的口号中为复兴母校而募捐。校友陈立言为纪念王伯群校长及母校迁沪建筑之用，慨捐"一百万之巨款"[②]。毕业校友会复兴母校捐款截至 1946 年 2 月底，接收捐款"一千万元"[③]。校友会台湾分会"募集法币一百万元（台币约三万三千三百元），赠送母校为购置图书仪器之用，每人最少捐助台币五百元"。[④]校友捐助如火如荼，显示了大夏大学对校友资源的开发力度和董事会筹资功能的扩张，也显示了大夏学子对母校具有很强的认同感。

四、开源节流

（一）开源增收

1. 发展实业

大夏大学对生产实业极为注重，并制定规划，按步实施。"已实行者为种树、养鱼两种。去秋就校内空地，开辟苗圃，种树三万余株，现已绿茵遍地，行将成林。并利用校河，培养鱼苗百万余，瞬已长盈尺。"几年之后，大夏大学可获巨利。[⑤]

2. 义卖公演

学生非营利性组织多样化筹资是大夏大学的亮点之作。1944 年 2 月，法商学

---

① 昆明校友分会朱伯奇等当选干事 积极劝募百万基金[N]. 大夏周报，1942-6-30（1）.
② 校友陈立言慨捐巨款[N]. 大夏周报，1945-10-20（1）.
③ 沪校简讯[N]. 大夏周报，1946-3-1（1）.
④ 娄岙菲. 大夏大学编年事辑[C]. 上海：华东师范大学出版社，2014. 650.
⑤ 本校生产事业近况[N]. 大夏周报，1935-9-16（1）.

院经济学会在贵阳大剧院公演名剧《痛饮黄花》，收入"三万余元"，全部充作研究室基金；①是年 3 月，在贵州大戏院公演话剧《壮士凌云》三天，获票房"三万余元"；②8 月份，举办书画展览会，得义卖金"二十余万元"；同时，每日下午在贵阳民众教育馆举行篮球比赛，三天比赛共得门票"八万余元"。③1945 年，大夏学子举办义卖运动，内容包括商品部（各种新旧商品）、饮食部、健康部（体格检查、注射防疫针等），全部收入，悉数拨充"清寒学生贷学金之用"④。此举不仅锻炼了学生，而且增加了收益。

3. 教研服务

大夏大学善于迎合市场，根据社会需求发展教育产业。大夏大学多年来坚持举办暑假学校，获益不小。1928 年，暑假学校招生 450 人，学费为"大学及高师学程三绩点者每门八元，二绩点者每门五元半，预科学程三绩点者每门七元"。膳宿费为"住新校舍八元，致和里及小沙渡路宿舍七元，女生宿舍七元，膳费十三元"。试验费为"一元至三元"。并且，学校规定各费"缴清方得注册上课"，且"中途退学者除膳费外，所缴各费概不退还"。⑤1947 年，暑假学校所开科目达七十余门，"每一学分须缴学费国币四万元，每人缴杂费五万元，如系居住校内者另缴宿费五万元。"⑥1938 年，为便利职业界青年谋求深造，特筹设法商学院夜校，学生"约有一百多人"。⑦

1936 年，大夏大学商学院为助力农村事业，特开农村经济及农村合作等学程，又受太平保险公司之委托设立保险学讲座。⑧社会教育系与上海电报局合组学术通俗两种播音演讲，颇得社会人士之欢迎。⑨创办应用型科研院所，不仅可以提升办学层次，更易得到社会资助。大夏大学与上海民谊药厂、上海医学院合作共组药

---

① 经济学会公演《痛饮黄花》[N]. 大夏周报，1944-2-10（1）.
② 经济学会续演《壮志凌云》[N]. 大夏周报，1944-3-10（1）.
③ 大夏大学立校廿周年纪念书画展览会鸣谢启示[N]. 大夏周报，1944-8-25（1）.
④ 大夏大学生举办义卖运动[N]. 申报，1945-7-23（2）.
⑤ 大夏大学暑期学校简章[N]. 大夏周刊，1928-6-1（1）.
⑥ 便利同学进修 续办暑假学校[N]. 大夏周报，1947-6-25（1）.
⑦ 沪校筹设法商学院夜校[N]. 大夏周报，1938-11-8（1）.
⑧ 大夏商学院新猷[N]. 申报，1936-8-24（13）.
⑨ 社会教育系继续举办学术通俗播音演讲[N]. 大夏周报，1937-3-27（1）.

物研究所，"出品由民谊药厂出售，所得利益以盈余拨归两校，继续研究工作。"①大夏大学还增设应用化学试验所，面向市场，有偿服务；可"接受上海市厂商之委托，代为化验商品并设计一切应用化学用品"。②凡此种种，均是大夏大学现代教育理念的生动体现。

4. 其他来源

大夏大学还尝试资产运作，投资盈利，以财生财。建校之初，为建设胶州路三〇一号校舍，马君武曾以在吴淞的房地产为抵押品，向浙江兴业银行借银二万两作为建筑费。③大夏大学还创设"大夏储蓄银行"，存单共分五元、十元、二十元及百元等七种，利息自按月四厘至八厘，存款得随时提用。④1947年，大夏大学还发行股票，"每股定为二万元"⑤。此外，租息、杂项收入也是大夏大学的经费来源之一。

（二）节流降本

初创之时，马君武即提出"三苦精神"，影响深远。聘请的朱经农等皆是一流教授，受马君武校长之博学与苦学精神的影响，"绝嫌待遇之菲薄，仍安其职，乐于施教"⑥。马君武就任校长职后，仍兼化学课程，"完全尽义务，从未支出过薪金或车马费。"⑦大夏大学专门设置义务劳动时间，既培养学生吃苦耐劳的精神，又节省经费。1943年，大夏大学承办筹备贵州省大学生运动会时，便发动全校同学"于每天劳动服务时间修建运动场"⑧。勤俭办学，力求节省，是大夏大学一贯的传统。随着学校规模的扩大，宿舍不足以分配，除筹建宿舍外，大夏大学决定

① 沪校与民谊药厂上海医学院合组药物研究所[N]. 大夏周报，1939-7-5（1）.
② 沪校近况[N]. 大夏周报，1939-3-21（1）.
③ 欧元怀. 大夏大学校史纪要[A]. 中国人民政治协商会议上海市委员会文史资料工作委员会. 上海文史资料选辑（第五十九辑）[C]. 上海：上海人民出版社，1988. 150-152.
④ 大夏大学消息二则[N]. 申报，1926-4-11（19）.
⑤ 大夏大学近成立民教推进区 教育系学生参加执教[N]. 申报，1947-11-11（6）.
⑥ 娄岙菲. 大夏大学编年事辑[C]. 上海：华东师范大学出版社，2014. 21.
⑦ 欧元怀. 大夏大学校史纪要[A]. 中国人民政治协商会议上海市委员会文史资料工作委员会. 上海文史资料选辑（第五十九辑）[C]. 上海：上海人民出版社，1988. 145.
⑧ 男女同学开辟新操场[N]. 大夏周报，1943-5-11（1）.

将"女生宿舍全部床铺改为双层，男生宿舍酌量添置双层床。"[1]在经费使用方面，大夏大学以"开支以一钱有一钱之实效为原则"，制定了严格的支出规范，"每次付款，先由事务主任签出传票，经会计主任审核加签，方交会计处预备支票，再由会计主任及校长或副校长在支票上签字，方能照付。"在财务管理方面，大夏大学规定凡需动用"五十元以上之支出"，需经财政委员会审核方能通过。[2]

五、筹资特征

（一）多元化的董事会构成

大夏大学注重董事会建设，吸纳知名学者、教育家加盟，确保了正确的办学思路；同时，注重聘请有地位、有名望的政商人士加盟，以利用校董的特殊身份募集经费。现以 1929 年大夏大学校董做一说明。提名董事计 26 人，其中王省三、王毓祥、吴稚晖、马君武、黄溯初、杨杏佛、赵晋卿、欧元怀、邵力子 9 人为学者名流，便于教育界人士的沟通与合作。王伯群、王一亭、汪精卫、何敬之、张君劢、黄绍雄、傅式说、叶楚伧 8 人为官员政客。政界要员的加盟，不仅抬高了学校的地位，而且打通了与政府的通道，极利于谋得政府的资金补助。吴蕴斋、任稷生、胡孟嘉、徐新六、陈光甫、张公权、虞洽卿、钱新之 8 人为著名的银行家、金融家和实业家。[3]他们的身份便于大夏大学谋求捐助和贷款支援，大夏大学向浙江兴业银行借贷的二万两建筑费，就是"徐新六担保偿还的"。当时，徐新六、徐寄庼是该行的总经理和董事长。[4]1935 年，行政院院长孙科加入董事会，"学校前途发展，更未可限量"[5]。1945 年，贵州省政府主席杨森被聘为大夏大学校董。[6]1941年，教育部长陈立夫因与王伯群有派系矛盾，硬将大夏大学改为"国立贵州大学"。后经校董"何应钦向行政院提请复议，才收回成命，大夏仍保持私立性质"。为壮

---

① 同为房荒伤脑筋 请君暂睡双层床[N]. 大夏周报，1947-6-25（1）.
② 全体新生集会志盛[N]. 大夏周报，1930-10-6（1）.
③ 娄岙菲. 大夏大学编年事辑[C]. 上海：华东师范大学出版社，2014. 92.
④ 欧元怀. 大夏大学校史纪要中国人民政治协商会议上海市委员会文史资料工作委员会. 上海文史资料选辑（第五十九辑）[C]. 上海：上海人民出版社，1988. 150-152.
⑤ 孙哲生先生允任本校校董[N]. 大夏周报，1935-12-1（1）.
⑥ 杨主席应聘为本校校董[N]. 大夏周报，1945-6-25（1）.

大声势，抵制教育部，1942 年下半年，大夏大学在领导上做了人事调整："一、董事长职推孙科担任；二、王伯群以校董兼校长身份抓学校工作；三、副校长欧元怀出任贵州省教育厅长；四、训导长一职改由法学院教授傅启学担任。"①对当代民办高校来讲，构建成员来源多元化的董事会，强化内部治理刻不容缓。

（二）灵活的筹资策略

为筹集经费，大夏大学利用其自由灵活的办学体制，制定了多样化的筹资策略。筹资主体不限于校董会，还包括教职员工和全体学生。1929 年，为筹集校舍建筑费用，大夏大学拟定募捐办法："一、由校董会募捐十万；二、由校长及全体教职员募捐十万；三、由全体学生募捐十万。"校务发展委员会拟定具体的学生募捐办法，同学中募捐成绩最优胜者奖大银鼎一座。②

大夏大学研究制定募捐须知，并广为传播。除按国家规定进行表彰外，大夏大学还制定了具有大夏特色的回馈规则。凡捐助建筑物一座者，以捐助人姓名铭其建筑，并将其照片悬挂在大礼堂中。若其子女来校读书，一律免费优待。凡捐助建筑一万元以上者，赠银鼎一座，以垂纪念，并将其照片悬挂在本大学大礼堂。若其子女来校读书者，免费二名，以示优待。凡捐助建筑费五千元以上者，赠银鼎一座，并将其姓名嵌载于本大学图书馆纪念银盾上。其子女来校读书，免费一名，以示优待。凡捐助本大学建筑费千元以上者，赠银盾一面，并嵌载其姓名于本大学图书馆纪念银盾，以志纪念。凡捐助本大学建筑费一百元以上者，嵌载其姓名于图书馆纪念银盾上，以志纪念。学生捐款，适用上述规范。学生中劝募捐款达一百元以上者，赠银质纪念章一枚，并镌其姓名于图书馆纪念银盾上，以志纪念。③运用利益驱动机制给予捐赠者相应的有差别的利益补偿和荣誉奖励，方法有效，效果可期。这对当今民办高校筹资具有借鉴意义。

（三）重视开发学生会、校友会的融资功能

学生会是学生自我管理、自我服务的群众性组织机构，发端于 1919 年的清华

---

① 王守文. 抗战时期的大夏大学[A]. 慧世如. 抗战时期内迁西南的高等院校[M]. 贵州：贵州民族出版社，1988. 151-153.
② 本校学生部建筑新校舍募捐办法[N]. 大夏大学周报，1929-6-22（1）.
③ 捐款纪念办法[N]. 大夏周报，1932-12-26（1）.

学校。大夏大学顺应时代潮流，于 1926 年成立大夏大学学生会，以"发展自治与互助之能力，匡辅学校实行国民运动为宗旨"。①学生会本着师生合作精神，积极参与学校募捐，专门成立募捐游艺会筹备委员会，举行大规模游艺活动。游艺活动于 1929 年 6 月 8 至 10 日在天后宫总商会举行。门票分一元、三元、五元三种，并规定同学每人至少购一元券三张，教师至少任销十元，校董至少百元。学生会还备有金牌、银盾及其他奖品，以资鼓励。②

校友是大学的潜在捐赠者，应积极培育校友捐赠母校的意识，形成和衷共济的巨大凝聚力。大夏大学注重对学生慈善意识的培育和校友组织建设，成立了大夏大学校友总会，并定期召开会员大会；同时，在各省市建立校友分会，组建了相对完善的校友网络。1942 年，大夏大学发起百万基金募捐运动，王伯群校长为募捐运动大会会长，欧元怀副校长及王祉伟副校长为副会长，王裕凯为总队长，倪文亚及钟焕新为副总队长，各省市均聘定大队长，保证了募捐的组织性。③大夏大学校友总会还制定了灵活有效的答谢办法，规定凡捐款者不论多少，均将捐款人姓名及款额在校刊上公布，接受社会监督。凡捐款在五千元以上者，可以保送合格学生一人，在本校或附属学校就读，享受免收学费半数之优待。凡捐款在一万元以上者，可以保送合格学生一人，在本校或附属学校就学，享受免缴学费全额之优待。凡捐款在五万元以上者，可以保送合格学生二人，在本校或附属学校就读，享受免缴学费全额之优待，并将捐款人照片悬挂于本校之礼堂。凡捐款在十万元以上者，可择本校建筑物一座，即以台阶题名，以永纪念。④此举，对于激发校友捐赠效果明显。同时，每逢校庆及学校重大活动，大夏大学均邀请校友参加，加强与校友的沟通与联络，激发校友热爱母校、捐赠母校的热情。

---

① 大夏大学学生会章程[N]. 大夏周刊，1926-5-4（1）.
② 丽生. 大夏推销游艺券[N]. 申报，1929-6-10（24）.
③ 昆明校友分会朱伯奇等当选干事 积极劝募百万基金[N]. 大夏周报，1942-6-30（1）.
④ 百万基金运动 推定负责人员 拟定募捐计划 组织保管委员会[N]. 大夏周报，1942-6-1（1）.

第八章 历史与当下：从民国大学生结构性失业谈当今地方高校向应用型转型

随着高等教育大众化的到来，大学生精英化就业正逐步瓦解，就业难成为社会普遍关注的热点。20 世纪 30 年代，由于民国的高等教育尚不发达，所以也曾出现过大学生"毕业即失业"的严重就业危机。虽说二者之间有质的差别，但大学生的结构性失业是都曾存在的，民国政府对此的解决之策，对今天解决大学生就业难、破解省属普通高校向应用型高校转型有着重要的启迪作用。

第一节 当下：高等教育大众化与大学生就业难

新世纪以来，我国高等教育由精英教育进入大众化教育阶段。2013 年大学毕业生为 699 万，2014 年大学毕业生为 727 万，就业形势异常严峻。国家人力资源和社会保障部国际劳动保障研究所所长莫荣先生表示，我国每年新进入劳动力市场的大约 1500 万人，727 万人差不多就占到一半了。据《国家中长期教育改革和发展规划纲要（2010—2020 年）》，到 2020 年高等教育毛入学率将达到 40%，高等教育在校学生总规模将增至 3550 万人。

与之相应的是，高校毕业生就业压力日益严峻。教育部 2012 年全国高校毕业生就业率排名显示，就业率排名分别为 985 高校、高职院校、211 大学、独立学院、科研院所和地方普通高校，而地方院校数量多、规模大、学生多。但事实上，很多企业又招不到所需的大量应用技术型人才。这说明并不是大学培养的人才过剩，也不是社会不需要人才，而是人才培养的规格与社会需求的标准存在差距，由此造成大学毕业生的结构性失业。

第二节 历史：民国大学生结构性失业剖析

民国高校总量不多，学生也极少。1931 年，民国高校数 103 所，学生数 44 167 人，每校平均学生数 430 人，每万人口中之学生数为 1。[①]1934 年，"大学生的人数与全国的总人口比较，仅占全国总人口数的三万一千一百三十五分之一。"[②]就业本不应是问题，但"毕业即失业，毕业之后，大部分便是失业"[③]。像中央大学这样的一流学府，学生就业形势亦很严峻，"本届毕业生二百余人，半数未获得职业"。[④]可见，大学生就业危机的出现，除总量失业、摩擦性失业和自愿性失业外，主要还是结构性失业造成的。

一、民国大学生结构性失业

（一）学科比例不平衡

由于举办实科需要各种实验耗材，耗费较大，因此高等院校特别是私立高校热衷于创办投资较小的文类各专业，致使中国高等教育中文类与实类的比例严重失调。何景元说："全国专科以上学生总数为四万二千三百三十人，习法政者竟占一万六千九百七十八人之多，习文哲者亦有八千三百八十四人，合计已超过总数之半；习工程者仅有四千三百七十九人，只及总数十分之一，习农林者仅有一千六百二十八人，尚不及总数的二十六分之一。又据民国二十年度的统计，全国专科以上学校，文科（文，法，教育，艺术等学院）学生为二万三千二百三十人，竟占百分之七十，实科（理，农，工，医等学院）学生为九千九百二十八人，仅占百分之三十。"[⑤]

---

① 中国第二历史档案馆编. 中华民国史档案资料汇编：第五辑第一编 教育（二）[G]. 南京：江苏古籍出版社，1994：242-243.
② 何景元. 大学生就业问题[J]. 社会半月刊，1934，1（1）：91.
③ 全国学术工作咨询处月刊[J]. 1935，1（10）：34.
④ 中央大学毕业生之获业难[J]. 教育杂志，1931，23（9）.
⑤ 何景元. 大学生就业问题[J]. 社会半月刊，1934，1（1）：93.

文、法、商科大学生就业难，从薪酬要求和期望的工作地点可见一斑。文类毕业大学生工作难寻，对工作地点和薪水的要求已低到了极点。如"刘君，毕业持志学院文科……地点，不论何省何县"。[①]某商科大学毕业生为谋得一职业，薪水"不论多寡""地点不论"。[②]1933 年、1934 年两年度专科以上学校毕业生，未就业文类毕业生为 1716 人，占毕业生人数的 16.6%。其中文、法各占毕业生人数的 21.8%和 16.8%；未就业实类毕业生为 284 人，占毕业生人数的 5.7%。[③]难怪何景元感叹："过去数十年的教育，可以说是完全失败了！大半青年所走向的道路是错误了！"[④]当然，教育的失败不在于文实本身比例失调，而在于文实比例与社会比例需求的不平衡。

（二）区域布局不合理

民国高等教育的布局极为不合理，大部分高校集中在东部沿海各省份，其中上海、北平和江苏位列前三。1936 年，全国专科以上学校总计 110 所，其中国立大学 13 所，除武昌 1 所外，其余均在东部沿海地区：4 所在北平，3 所在上海。私立大学共 20 所，上海 9 所，北平 3 所，广东 3 所。私立独立学院共 24 所，上海 8 所，北平 5 所，福建 3 所，江苏 2 所，广东 2 所。全国高校数，上海最多，27 所；北平次之，16 所；江苏第三，11 所；广东第四，8 所；天津第五，7 所。这五省市共有高校 69 所，占全国的 63%。而热河、绥远、西藏等省份却无一所高校。[⑤]

毕业生在职业选择上存在惯性效应。大学生在城市读书，早已习惯了城市生活，毕业时选择在城市就业，而不愿意到农村去也顺理成章。"一般人受了教育之后都不愿到农村去，都愿意集中都市，明明知道亦有失业很痛苦，但是失业也愿意等候，明白知道职业不稳定，但是可以舒服一天，像这样情形，不但政治不安，而且社会道德也一天一天的堕落下去。"[⑥]再加上东部地区经济发达，对毕业生的吸引力也较

① 全国学术工作咨询处月刊[J]. 1935，1（10）：25.
② 同上，34.
③ 龚徽桃. 专科以上学校毕业生失业问题，教育杂志[J]. 1937，27（1）：87-88.
④ 何景元. 大学生就业问题[J]. 社会半月刊，1934，1（1）：93.
⑤ 同上，300-323.
⑥ 同上，293.

大，所以毕业生求职的工作地点大多为沿海各城市。例如，周君毕业于复旦大学，要求工作地点为"京沪一带，或各省会"；曹君毕业于安徽大学，工作地点要求为"南京、镇江、安庆、芜湖、江苏、浙江等省市均可"，[①]这致使东部高校人才供过于求，而西部地区高校较少，培养的人才远远不能满足当地社会、经济发展的需求。

（三）行业吸纳不均衡

从《全国学术工作咨询处月刊》登载的求职信息，可窥见大学毕业生的求职意向和愿任职务性质：一是行政机关；二是教育机关；三是学校教员。[②]

行政机关本身对大学毕业生的吸纳能力极其有限，政府不可能为增加就业而扩大公务员比例，加重民众负担，以致恶性循环。再加上民国时期选任机制不良，任人唯亲、滥竽充数相当普遍。罗家伦对此很无奈地表态："说到中国，则'一朝天子一朝臣'，没有八行书就换不到委任状，真是笑话。"[③]除此之外，大学毕业生的求职意愿就是当教员。舒新城对此有直观的认识："文科毕业当教员，理科毕业当教员，商科毕业当教员。你教员，我教员，大多数是教员……以'教书'为本位，却是很普遍的现象。"[④]这样虽在一定程度上提高了教师的整体水平，但并非所有毕业生都乐于献身教育，当教员只不过是作为一种权宜之计。

（四）知识能力不到位

大学生自身的知识和能力不能适应社会发展的需要。王凤喈提到："今日一般青年之通病，在乎好谈空疏之理论，缺乏实干之才能，偏重呆板之知识，忽略实用之学问。"[⑤]并非社会不需要大学生，而是专门人才缺乏。

当然，这不能全怪大学生自身不努力。大学的系科设置、内容讲授、器材缺失，致使培养不出适合社会需要的大学生。罗家伦批评说："大学系科性质重复的太多，未加整理，以致同样初级的设备太多，高深的设备因经济分散，反而太少，

---

① 全国学术工作咨询处月刊[J]. 1935，1（10）：25-26.
② 同上.
③ 中国第二历史档案馆编. 中华民国史档案资料汇编：第五辑第一编 教育（二）[G]. 南京：江苏古籍出版社，1994：294.
④ 舒新城. 愿全国教育家反省[J]. 教育杂志，1937，27（4）.
⑤ 王凤喈. 大学生就业问题与就业指导[J]. 服务月刊. 1940，3（1）：7.

这也是很惋惜的事。"①陈光虞批评大学内容的讲授与社会脱节，"以现在的大学而论，所有科目，都与社会上的需求无关……大部分所叙述的是外国的社会，所采用的是外国的材料，试问这种科学拿到社会上来有什么用处？……所以尽管大学生一批批地制造，一个个的没有出路，而社会上还不免有'事浮于人'——有事没有做的现象。"②

二、民国高等教育的应对性改革

罗家伦指出："大学生的信用，所以不能树立，因为大学过去粗制滥造的缘故。"③因此，大学的整顿势在必行。

（一）减少文类招生数量，增加实类名额

教育部自 1934 年开始减少文科招生数量，增加实科招生数量。"二十年度至二十五年度，由 16 487 人减至 8253，计减少 8234 人，几及二分之一，然商科人数仍由 2156 人增至 3292 人，计增加 1136 人，其原因在于各学校过去招收法科学生较滥，其人数常超过限制办法规定名额。商科学生之差数则尚少，故实行限制办法后，法科学生数锐减，其另一原因则由于多数法科专科以上学校，年有停办结束或停止招生者，故自二十年度以后，理、工、农、医科学生数有逐年增加之趋势，而文、法、教、商科学生数则逐渐减少。"④教育部对文类招生的限制越来越严格，这对于解决大学生结构性失业问题影响深远。

（二）大力整顿高等教育，取缔低劣高校

针对民国大学参差不齐、区域分布不平衡等问题，时人指出："数量方面应加以紧缩。在地域方面应求重新分布。"⑤王世杰任民国教育部长时力度尤甚，十余所公私立大学被停止招生，如江南学院、上海法学院、上海法政学院、北平大学、

① 中国第二历史档案馆. 中华民国史档案资料汇编：第五辑第一编 教育（二）[G]. 南京：江苏古籍出版社，1994：290.
② 陈光虞. 大学生失业问题的检讨[J]. 民鸣，1934，1（12）：9.
③ 中国第二历史档案馆编. 中华民国史档案资料汇编：第五辑第一编 教育（二）[G]. 南京：江苏古籍出版社，1994：291-292.
④ 中华民国教育部教育年鉴编纂委员会. 第二次中国教育年鉴[Z]. 北京：商务印书馆，1948：525.
⑤ 沈云龙. 近代中国史料丛刊：第三编五辑[M]. 台北：台湾文海出版社，1985：1968.

华北学院、民国学院、郁文学院，等等①。教育部对东北大学、清华大学、武汉大学、中山大学、中央大学、北平师范大学、北平大学、复旦大学等就校舍、设备、师生比、教授兼课、学风不正、院系合并、停止招生等方面进行训令，要求各校切实整顿。②此举对于规范高校招生、提高教育质量有着重要意义。

（三）大力发展职业教育，设立就业培训机关

时人已经意识到学校教育与社会需求的严重脱节，认为学校除了要注重学业的培养外，还要注重将来职业的需求。"盖学校之责任，除考验青年之学业外，尚须注意将来的职业，预先为之指导或介绍。"③1935 年后，应教育部的要求，各大学设立职业介绍机关，指导学生就业。同时，各大学还加强舆论宣传，转变学生就业观念，强调青年学生应加强学习，提升自身素质。

第三节　未来：地方高校向应用型大学转型

民国政府应对就业难的策略，虽说成效并不显著，但也起到了重要作用，对今天解决大学生就业难、破解省属普通高校向应用型高校转型有一定的启迪作用。

一、国家层面，注重顶层设计

民国高校少但就业难背后的深层原因是国家对高等教育的发展缺乏顶层设计，都忽视了统筹规划，无论是高校的区域布局、专业的设置，还是招生的调控、就业的指导。现今，国家引导、推动 600 多所地方高校向应用型转型，需要总体把握，配套改革。

（一）建立科学的评价标准

要建立符合应用型人才培养和应用型大学特点的评价体系和评估制度，比如

---

① 王世杰. 王世杰日记（手稿本）[M]. 台北："中央研究院"近代史研究所，1990：48-49.
② 中国第二历史档案馆编. 中华民国史档案资料汇编：第五辑第一编 教育（二）[G]. 南京：江苏古籍出版社，1994：198-220.
③ 改进青年出路之先决问题[J]. 教育杂志，1931，23（10）.

应用型大学的本科教学水平评估标准、应用型人才培养专业评估标准、应用型大学学科建设评价标准，等等。

（二）加大投入

民国大学之所以文实学科比例失调，就是因为举办实科耗费巨大，举办人不愿投入。应用型大学特别强调实践教学，硬件条件要求高，这就要求政府设立相关的转型基金，给予特殊的财政支持。其中，对于民办高校的转型发展，要给予政策倾斜，予以专项补助。

（三）做好高校设置

新设本科高校和更名大学均要明确定性为应用型大学；在全国范围内优化区域高等学校结构布局、学科布局，促进高校科学定位，避免同质化设置。

（四）推动考试招生制度改革

加快推动考试招生制度改革，积极探索有利于应用技术人才选拔的考试招生制度。探索建立多元化招生，单独招收中高职学校毕业生；单独招收企业在职人员。建立从中职、高职、本科直至硕博士研究生培养的体制和机制。扩大符合产业发展规划、就业质量高和为社会经济发展贡献大的专业招生规模，停办一些社会需求不旺、生源不好、就业率不高的专业。

二、高校层面上，突出服务地方

朱家骅曾批评民国大学"因为设备不能完善，校舍也不敷用，往往预备室和研究室非常缺乏，弄到教授在讲堂授课之外，对于学生研究之指导，人格之修养，几于全不负责。教授成了知识的贩卖者，大学成了知识贩卖所，以此而求学术文化之进步，谈何容易！"[①]这种现象之所以产生，说到底，是因为高校人才供给与社会人才需求的严重错位。破解就业难题应打造以市场为导向、以就业为目标的现代职业就业体系。

---

① 中国第二历史档案馆编. 中华民国史档案资料汇编：第五辑第一编 教育（二）[G]. 南京：江苏古籍出版社，1994：284.

（一）明确人才培养定位

高校应明确建设应用型本科高校的办学定位和应用型人才培养目标定位，由培养学术性人才向培养职业型人才转变，着重培养学生"将理论转换为技术、将技术转换为生产力和产品"的能力。

（二）政产学研用相结合

在专业设置上，要充分考虑当地社会和经济发展的需要，培养具有良好发展前景和产生显著社会经济效益的专业群，促进学科专业交叉融合，实现专业群与区域产业链的紧密对接。地方本科高校转型必须坚定不移地融入地方经济社会发展，走政产学研用相结合的办学之路。

（三）采取灵活多样的用人模式

大力引进和培育具有"双背景""双师型""双语言"素质的教师。采取灵活多样的用人模式，促进人才的合理配置和有效利用。聘请相关企事业单位中有丰富实践经验和教学能力的工程技术人员担任兼职教师；柔性聘任一批国内外知名教育专家、学科带头人、学术权威、政府官员、社会名人担任职务；也可积极聘请一批外籍教师来校讲学、授课、研究，等等。

（四）产教融合、校企合作

充分认识到产教融合、校企合作是本科高校转型发展的核心。通过设立产学研合作管理部门，建立学校与地方政府和企事业单位之间有效的沟通和合作的机制。通过交流和宣传，加强学校和地方的相互了解，尤其让政府和企事业单位对学校的科研条件、科研水平有全面、客观的认识，完善校企合作办学、合作育人、合作就业、合作发展机制。

三、社会层面上，亟须转变观念

地方高校转型发展涉及面广，周期长，是一项系统工程，需要社会各界深化认识，凝聚成共识。

第八章　历史与当下：从民国大学生结构性失业谈当今地方高校向应用型转型

（一）整个社会都应参与到高校转型的大讨论中来，深刻认识高校转型的重大意义

面对人才培养与社会需求不相适应的问题，部分本科院校借鉴欧洲应用科学大学的办学模式，加大教学改革力度，主动适应社会需求，为地方发展提供人才资源和技术服务支撑，应是十分必要的。高校转型不是降为专科学校，应用型跟高水平或学术型并不矛盾，应用型大学同样可以办成高水平大学。应用型范围很广，不仅包括机械、电子、土木、化工等方向，护理、师范、文秘、国际贸易等也都是应用型专业。

（二）企事业单位要破除盲目追求名校及高学历、忽视对毕业生实际技能考察的做法

应不拘一格降人才，引导全社会确立尊重劳动、尊重知识、尊重技术、尊重创新的观念，促进形成"崇尚一技之长、不唯学历凭能力"的社会氛围。企业应主动参与校企合作，强化企业与高校合作育人的意识和社会责任，加强实验室、实习实训基地、实践教学共享平台建设，强化实践育人环节；加强与高校共建实训基地，推进产学研协同创新，形成资源共享、人才共有、过程共管的联合培养人才机制。企业帮助高校转型，同时也能促进自身转型，实现校企双赢。

（三）家庭、个人要转变就业观念

随着经济体制的改变，现在已经步入就业多元化的时代，大学生没有什么不能做的，掌握一定知识、具备一定素质的人，应当把从事的行业做得出色、做到最好。在地域选择上，毕业生应向中西部地区、二三线城市，甚至是乡镇转移。社会舆论宣传也应该形成良好的环境，使学生根据自己的特点、优势，根据社会的实际需求，准确定位，找能充分发挥自己能力的工作。

附　　录

附录 1　近代中国私立高校教育有关文献一览

1. 国民政府公布《捐资兴学褒奖条例》（1929 年 1 月 29 日）

2. 教育部关于明令嘉奖卢木斋捐资兴建南开大学图书馆的文件（1929 年 11 月）

3. 1953 年院系调整后全国高等学校校数统计表（截止 1953 年底）

4. 民国十八年至二十六年捐资兴学褒奖统计表（1938 年）

5. 民国十九年至二十三年度各省市教育经费概况（1935 年 5 月）

6. 国民政府颁布大学组织法（1929 年 7 月 26 日）

7. 教育部公布大学规程（1929 年 8 月 14 日）

8. 教育部订立私立大学、专科学校奖励与取缔办法（1930 年 8 月 23 日）

9. 教育部关于中等以上学校设置奖学金案（1931 年 11 月 3 日）

10. 教育部改进私立复旦大学训令（1933 年 12 月—1935 年 6 月）

11. 中华教育文化基金会设立科学教习计划书和科学教习分配办法（1930 年）

12. 民国二十年度全国高等教育概况统计表（1931 年）

13. 教育部报告民国十九年度高等教育概况（1931 年 1 月 26 日）

14. 民国二十五年度全国高等教育概况统计表（1936 年）

15. 全国公私立大学、独立学院、专科学校一览表（1936 年 1 月）

16. 民国二十六年度全国高等教育概况统计表（1937 年）

17. 历年专科以上学校毕业生统计表（1912—1937 年）

18. 民国二十至二十六年度全国大学生本科毕业生分科统计表（1931—1937 年）

19. 民国二十至二十六年度全国专科毕业生分科统计表（1931—1937 年）

20. 抗战以来全国专科以上学校增设情况表（1939 年 4 月）

21. 民国二十七年度全国专科以上学校分布概况表（1939 年 5 月）

22. 民国廿六至廿九年度全国高等教育概况统计表（1940 年）

23. 全国专科以上学校内迁及其分布统计表（1941 年）

24. 全国专科以上学校一览表（1944 年）

25. 抗战期间全国专科以上学校概况表（1936—1945 年）

26. 抗战前后高等教育比较表（1936—1945 年）

27. 战时全国专科以上学校教员数统计表（1939—1945 年）

28. 战时全国专科以上学校毕业生数统计表（1936—1945 年）

29. 战时全国专科以上学校学生之科别数统计表（1936—1944 年）

30. 战时全国专科以上学校之岁出经费数统计表（1936—1945 年）

31. 战时公私立专科以上学校岁入经费表（1936—1945 年）

32. 教育部关于调查整顿私立民治新闻专科学校文件（1944 年 9—10 月）

33. 教育部关于私立复旦大夏大学两校申请改为国立呈与行政院批（1939 年 6 月）

34. 教育部关于改私立大夏大学为国立贵州大学呈与行政院批及该校云南校友会请求缓改的代电（1942 年 2—4 月）

35. 教育部与行政院就私立复旦大学改为国立大学的往来文件（1942 年 11—12 月）

36. 教育部督学高其兵视察私立民国大学情况报告（1947 年）

37. 私立中法大学概况（1947 年）

38. 私立圣约翰大学概况（1947 年）

39. 私立燕京大学概况（1947 年）

40. 私立东亚体育专科学校概况（1947 年）

41. 教育部公布私立大学规程令（1913 年 1 月 16 日）

42. 教育部公布私立专门以上学校认可条例令（1915 年 7 月 20 日）

附录2　私立高等教育发展状况（1905—1910年）

校名	创办时间	创办地点	举办者	创办原因
中国公学	1905年	吴淞	留日学生	抗议日本《取缔清国留日学生规则》
复旦公学	1905年	吴淞	马相伯	反对法国天主教操纵学校教育
广东光华医学堂	1908年	广州	光华医社	争回医务主权
东亚同文书院	1900年	南京	东亚同文会（日）	
德文医学堂	1907年	上海	宝隆（德）	培养中国施诊医生
焦作路矿学堂	1909年	焦作	福公司（英）	培养路况人才

资料来源：1. 1934年中华民国教育部教育年鉴编纂委员会. 第一次中国教育年鉴：丙编　教育概况[K]. 台北：中国台北宗青出版社，1991：87—140.

2. 忻福良. 上海高等学校的沿革[M]. 上海：同济大学出版社，1992：61、113-124.

附录3 私立大学概况列表（1918年）

校名		科目	班数	现有学生数	毕业学生数	经费	开办及认可年月
朝阳大学	大学部	法科	1	12		基本金六万，不动产四万，常年经费二千七百圆	民国二年九月开办，三年五月认可
		商科	1	11			
		预科	1	30	57		
	专门部	法科	3	79	123		
		法律别科		5			
		预科	1	145	86		
北平私立中国大学	大学部	法律科	1	24		黄金八万，常年经费二万八千四百六十五圆	民国二年四月开办，三年五月认可
		政治科	1	56			
		经济科	1	19			
		商科	5	58	24		
		法预科	9	219			
		文预科	3	101	298		
		商预科	7	41			
	专门部	政治经济科	5	76	117		
		商科	9	146	20		
		法律科	12	188	239		
		法律别科			685		
		政治经济别科			198		
		预科	6	263			
		附中学班	12	143			

续表

校名	科目		班数	现有学生数	毕业学生数	经费	开办及认可年月
私立武昌中华大学	大学部	文科哲学门	1	21	12	22 000 圆	民国元年九月开办,四年三月认可
		法科经济学门	1	28			
		政治经济别科	1	38			
		预科	3	90	108		
	专门部	法律科	1	10			
		法律别科			297		
		政治经济别科			246		
		预科	2	128			
	附中学班		7	409	43		

附录 4 私立法政专门学校概况表（1918 年）

校名	科目	现有学生数	毕业学生数		处理年月	备考
北京化石桥法政专门学校	法律商	80	137		民国四年正式认可	改办甲种商业学校
北京中央政法专门学校	法律	387	119	136	民国四年正式认可	
浙江法政专门学校	法律	21	91	888	民国三年正式认可	
福建法政专门学校	法律	249	145	239	民国三年正式认可	
广州法政专门学校	法律	99		47	民国三年正式认可	
直隶法政专门学校	政治经济法律附中	155	38	240	民国四年正式认可	
江西法政专门学校	法律	123		610	民国三年准予备案	
豫章法政专门学校	法律	254	65	207	民国三年准予备案	
湖南达材法政专门学校	法律	153	42	694	原名湖南第二法政学校，后改称今名，民国三年准予备案	
湖南群治法政专门学校	法律	135	66	245	民国三年准予备案	
湖北法政专门学校	法律	353	152	324	民国三年准予备案	
四川志城法政专门学校	政治经济	61	84	120	民国三年准予备案	
四川益都法政专门学校			67	184	民国三年准予备案	停办
四川岷江法政专门学校	政治经济	119	21	248	民国三年准予备案	
贵州法政专门学校				235	民国四年正式认可	停办
湖北法政专门学校				255	民国三年经部核准办至原有学生毕业为止	校址原在贡院内，停办
江汉法政专门学校				148	民国三年经部核准办至原有学生毕业为止	停办

续表

校名	科目	现有学生数	毕业学生数		处理年月	备考
湖南会通法政专门学校				452	民国四年经部核准办至原有学生毕业为止	停办
湖南爱国法政专门学校			34	100	民国四年经部核准办至原有学生毕业为止	停办
湖湘法政专门学校				128	民国四年经部核准办至原有学生毕业为止	停办
神州法政专门学校	法律	169	48	347	民国元年一月开班，三年九月核准备案，四年三月正式认可	

资料来源：中国第二历史档案馆编. 中华民国史档案资料汇编：第三辑　教育【G】. 南京：江苏古籍出版社，1994．187-189．

附录 5 私立工商医各项专门学校概况表（1918 年）

校名	科目	现有学生数	毕业学生数	处理年月	备考
私立新华商业专门学校	商	41	5	民国三年三月开办	
私立奉天医学专门学校	医	65	20	民国元年一月开办	
私立广东公医专门学校	同	757		宣统元年开办	
私立协和医学专门学校	同	69	69	光绪三十二年开办，民国元年准由本部发给毕业证书	
私立南通纺织专门学校	纺织	82	51	民国元年四月开办，六年九月核准立案	
私立同济医工专门学校	医工（土木机械）德文	482	48	光绪三十三年德人在沪创办，民国六年三月由校董掠〔接〕管	
私立广州医学专门学校	医				

资料来源：中国第二历史档案馆编. 中华民国史档案资料汇编：第三辑 教育【G】. 南京：江苏古籍出版社，1994. 190.

附录6　1912—1926年设立的私立大学统计表

校名	创办人	创办及立案时间	地点	学科与学制	备注
国民大学	宋教仁 黄兴	1912 年开办	北京	初设法政别科、中学科与大学预科（分文、法、商三部）	1913 年与中国公学合并为中国公学大学部，1917 年与中国公学分离改名为中国大学
民国大学	汪有龄 江庸	1913 年开办	北京	1916 年设法律、经济专门部和法律别科	1916 年改校名为朝阳大学，1930 年改校名为朝阳学院
明德大学	胡元倓 黄兴	1913 年开办	北京	设商科和政治、经济科	1916 年停办，1919 年在汉口复办，1926 年再停办
法政大学	何绍杰 王揖堂	1912 年开办	北京	设法政别科	1913 年改为中华大学，1917 年并入中国大学
民国大学	马景融 蔡公时	1916 年开办	北京	初设文、法、商三科及专门部	非朝阳大学前身，1930 年改为民国学院，抗战胜利后改为民国大学
上海图画美术院	刘海粟	1912 年开办	上海	1914 年设绘画正、选两科，正科三年毕业，选科一年毕业	1921 年更名为上海美术专门学校，1930 年更名为上海美术专科学校
大同大学	胡敦复 朱香晚 平海澜	1912 年开办	上海	先设预科和普通科，后设专修科和本科	初名大同学院，1922 年改称大同大学
德华高等实业学校	德国实业家	1912 年开办	上海	分电气机械和铁路建筑两科	即同济德文医工学院的工科，建于德文医学堂内，1917 年改名同济医工专门学校，1927 年改为同济大学
武昌中华大学	陈宣恺 陈时	1912 年开办	武昌	初设预科，1915 年后设文、理、商三科	初名为武昌中华学校，1915 年升格为大学
南阳路矿学堂	林兆禧	1912 年开办	上海	设铁路、矿学和普通三科	1924 年改为东华大学
南开大学	严修 张伯苓	1919 年开办，1925 年在北洋政府立案，1929 年在国民政府立案	天津	设文、理、商三科	1946 年改为国立南开大学
厦门大学	陈嘉庚	1920 年开办	厦门	设师范、商学两部，师范设文、理两科	北洋时期和国民政府时期两次立案，1937 年改为国立厦门大学
南通大学	张謇	1920 年开办	南通	设农科、医科和纺织科三科	1930 年改为南通学院

续表

校名	创办人	创办及立案时间	地点	学科与学制	备注
中法大学	留法俭学会	1920 年开办,1926 年立案	北京	初设文、理两科	
畿辅大学	关赓麟 唐绍仪 叶恭绰	1924 年开办,1925 年立案	北京		1928 年更名为北平铁路大学,1932 年定名为北平私立铁路学院,抗战胜利后改为北平铁路专科学校
华北大学	蔡元培	1922 年开办,1924 年立案	北京	设文、法两科和银行专修科	1930 年改为华北学院,1946 年重定校名为华北文法学院
平民大学	汪大燮 张仲仁	1921 年开办	北京	初设商、文、法三科	30 年代初改校名为平民学院,1937 年停办
北京美术学院		1924 年开办	北京	设绘画、雕塑、实用美术、音乐、图画手工、音乐师范等系	1933 年改名为北平美术专科学校,1938 年改为北京美术学校,抗战期间停办
北京中央大学	孙武	1923 年开办,1926 年准予试办	北京		原为中央法政专门学校,1927 年并入中国大学
孔教大学	陈焕章	1923 年开办,1926 年准予试办	北京		短期存在
东方大学	余天体	1923 年开办,1926 年准予试办	北京		1927 年并入畿辅大学
文化大学	江亢虎	1924 年开办,1926 年准予试办	北京		短期存在
南方大学		1924 年开办			
同德医学专门学校	中华德医学会	1918 年开办	上海		1920 年呈请备案,1930 年更名为同德医学院
亚东医学会专门学校	史蕴璞	1918 年开办	上海		1919 年改为南洋医学专门学校,1929 年改为南洋医学院,1930 年停办
东亚体育专科学校	庞醒跃 傅朗斋	1918 年开办	上海		1941 年停办,1947 年复校
两江女子体育专科学校	陆礼华	1922 年开办			抗战爆发后学校停办
上海大学	国共两党	1922 年开办	上海	初设文学、美术两科,1924 年设中文系、英文系、社会学系、美术系	前身为私立东南高等师范专科学校,1927 年被国民党政府查封
群治大学	罗睡庵	1922 年开办	上海	设文、法、商三科	前身为群治法政专科学堂,停办时间不详
持志大学	何世祯 何世枚	1924 年开办	上海	初设中文系、英文系、政治系和商科	1930 年改名为持志学院,1939 年被勒令停办

续表

校名	创办人	创办及立案时间	地点	学科与学制	备注
大夏大学	厦门大学离校学生	1924 年开办，1926 年准予试办	上海	初设文、理、商、教思科和预科	
上海会计专科学校	董诗闻 沈立人	1924 年开办	上海		
上海法政大学	徐谦 沈仪彬	1924 年开办	上海	设法律、经济、政治三系	1929 年改为私立上海法政学院
光华大学	圣约翰离校师生 张寿镛	1925 年开办	上海	初设文、理、商、工四科	
东南医科大学	郭琦云 汤蠡舟	1926 年开办	上海		1930 年改称私立东南医学院
上海法学院	上海法政大学离校学生 褚辅成	1926 年开办	上海	初设大学部、专门部和预科，大学部设法律、经济、政治三系	
新华艺术学院	上海美专离校学生	1926 年开办	上海		1928 年改称新华艺术大学，1929 年改为新华艺术专科学校
心远大学	熊育锡	1925 年立案	南昌		
山西山右大学	赵戴文 赵希复	1922 年开办	太原		1929 年与私立山西兴贤大学合并组建私立并州大学
山西兴贤大学	严敬斋	1924 年开办	太原		1929 年与私立山西山右大学合并组建私立并州大学
私立并州大学		1929 年开办	太原		1929 年由私立山西山右大学和兴贤大学合并而成，1931 年改称私立并州学院，1935 年停办
苏州美术专科学校	苏州书画会	1923 年开办	苏州	初设西洋画系和国画系两系	前身为苏州暑期图画学校，1930 年改名为苏州美术专科学校
武昌美术专门学校		1923 年开办	武昌		前身为武昌美术学校，1930 年改名为武昌艺术专科学校
广东国民大学	陈其瑗 张景耀 卢颂芳	1925 年开办	广州	初设文、商、社会三系	
湘雅医学专科学校	美国雅礼会和湖南育群学会合办	1914 年开办	湖南长沙	学制分医预科、前期、临床实习三个阶段	

143

续表

校名	创办人	创办及立案时间	地点	学科与学制	备注
西南美术专科学校	杨公托万从木等	1925 年开办，1927 年在地方获准立案	四川重庆		
仓圣明智大学	英籍犹太人哈同	1915 年开办	上海		1923 年停办
湖南自修大学	毛泽东何叔衡	1921 年开办	长沙		1923 年 11 月被赵恒惕强令解散
新民大学		1924 年开办	北京		1930 年被政府取消
公民大学		1924 年开办	北京		短期存在
国际大学		1924 年开办	北京		短期存在
务本大学		1924 年开办	北京		短期存在
进群大学		1924 年开办	北京		短期存在
宏才大学		1924 年开办	上海		短期存在
文治大学		1925 年开办	上海		短期存在
群众大学		1924 年开办	上海		短期存在
私立师范大学		1924 年开办	上海		短期存在
私立艺术师范大学		1924 年开办	上海		短期存在
南洋医科大学		1924 年开办	上海		短期存在
私立青岛大学		1924 年开办	青岛		1929 年 6 月，国民政府行政院决议取消私立青岛大学

资料来源：郑登云. 中国高等教育史（上）[M]. 上海：华东师范大学出版社，1994：214-223.

附录 7　教育部公布全国私立专门以上学校一览表
（1926 年 7 月）

校名	校长姓名	校址
北京华北大学	恩华	西安门大街
北京朝阳大学	汪有龄	汪家胡同东手海运仓旧址
北京中国大学	王正廷	皮库胡同郑王府旧址
北京民国大学	雷殷	太平湖醇王府
北京平民大学	汪大燮	德胜门大街石虎胡同
协和医科大学	胡恒德	北京东单帅府园
金陵大学农科	包文	南京鼓楼西坡
南开大学	张伯苓	天津城西南开
大同大学	胡敦复	上海沪杭车站北首
心远大学	熊育锡	江西省城三道桥
武昌中华大学	陈时	武昌旧粮道署
明德大学	胡元倓	汉口福中里八号
复旦大学	李登辉	上海江湾
中国公学大学部	代表王敬芳	吴淞炮台湾
中法大学	李煜瀛	北京东皇城根三十九号 后门外皇城根二十二号
南通医学专门学校	张謇	南通县城南门外
南通纺织专门学校	张謇	南通县唐关市
江西豫章法政专门学校	邱玺	南昌县城
湖南群治法政专门学校	罗杰	长沙城内连升街
湖南达材法政专门学校	马续常	长沙城内福星街
江西法政专门学校	龙钦海	南昌城内高升港
福建法政专门学校	刘以分	省城白水井
湖北法政专门学校	何奇阳	省城大贡院东首
四川志成法政专门学校	董鸿诗	成都县城

附注：凡只准试办及近年无案报部者均不列入表内

资料来源：中国第二历史档案馆编. 中华民国史档案资料汇编：第三辑 教育【G】. 南京：江苏古籍出版社，1994. 202-203.

附录 8 全国各大学概况统计表（1931 年）

校别	校址	经费（元）		教职员（人）			在校生
		岁出	岁入	教员	职员	互兼	
国立各大学	——	13 190 460	13 478 760	4670	2808	586	27 096
省立各大学	——	3 613 900	3 438 750	563	412	65	4253
私立各大学	——	7 683 667	7 706 535	1509	872	276	9465
燕京大学	北平	1 025 660	1 025 660	151	73	9	519
岭南大学	广州	944 678	872 939	91	86	8	284
中法大学	北平	814 626	844 626	83	39	18	202
金陵大学	南京	689 333	689 251	129	95	37	537
辅仁大学	北平	439 842	495 823	69	52	18	548
武昌中华大学	武昌	426 276	426 276	68	35	15	458
齐鲁大学	济南	401 510	401 511	87	32	9	325
震旦大学	上海	323 820	323 810	67	35	17	199
南开大学	天津	318 476	355 366	42	32	1	455
沪江大学	上海	318 065	318 065	56	26	6	545
光华大学	上海	279 064	278 446	64	25	8	654
广东国民大学	广州	263 197	241 639	79	52	12	739
广州大学	广州	245 001	258 004	56	30	11	458
厦门大学	厦门	229 988	252 520	62	51	12	435
东吴大学	上海 苏州	211 641	192 726	134	35	21	401
复旦大学	上海	196 478	196 476	96	54	24	1215
武昌华中大学	武昌	194 021	201 403	73	16	4	74
大夏大学	上海	176 051	176 051	104	84	37	1160
大同大学	上海	155 940	155 940	44	17	9	227

资料来源：中国第二历史档案馆编. 中华民国史档案资料汇编：第五辑第一编 教育【G】. 南京：江苏古籍出版社，1994. 248-259.

附录 9　全国各独立学院概况统计表（1931 年）

校别	校址	经费（元）		教职员（人）			在校生
		岁出	岁入	教员	职员	互兼	
国立各学院	——	237 620	251 568	71	69	11	691
省立各学院	——	1 085 667	1 148 273	307	331	57	1664
私立各学院	——	5 871 193	5 873 944	1135	450	120	9951
协和医学院	北平	3 552 218	3 552 217	123	12	——	101
福建协和学院	福州	360 587	376 668	42	26	8	174
之江文理学院	杭州	270 946	270 946	23	27	6	221
湘雅医学院	长沙	192 153	192 250	21	11	5	36
中国学院	北平	186 859	175 742	136	62	9	1752
夏葛医学院	广州	162 050	162 050	36	20	14	49
焦作工学院	河南焦作	142 808	159 514	27	21	3	65
朝阳学院	北平	137 701	143 924	82	36	5	1709
中国公学	上海	128 206	116 250	61	31	3	1937
福建学院	福州	118 552	95 352	33	14	11	137
南通学院	南通	109 476	107 788	45	41	17	336
民国学院	北平	104 996	103 568	117	42	8	1490
上海法学院	上海	101 613	102 290	142	19	5	819
持志学院	上海	78 901	78 901	58	28	8	690
华北学院	北京	71 904	72 159	65	33	14	530
金陵女子文理学院	南京	58 095	58 095	44	13	2	192
上海法政学院	上海	52 960	54 534	57	3	——	561
正风文学院	上海	41 168	51 696	23	11	2	79

资料来源：中国第二历史档案馆编. 中华民国史档案资料汇编：第五辑第一编 教育【G】. 南京：江苏古籍出版社，1994. 260-266.

附录 10 全国各专科学校概况统计表（1931 年）

校别	校址	经费（元）		教职员（人）			在校生
		岁出	岁入	教员	职员	互兼	
国立各专科学校	——	187 523	188 875	870	576	146	4765
省立各专科学校	——	849 446	867 447	372	255	58	1121
公立各专科学校	——	372 960	409 760	98	105	10	817
私立各专科学校	——	535 801	661 856	359	183	69	2755
武昌艺术专科学校	武昌	146 820	235 640	55	15	5	112
东亚体育专科学校	上海	81 501	85 719	49	22	——	522
上海美术专科学校	上海	70 974	70 865	74	42	13	769
广州法政专门学校	广州	59 813	86 255	19	10	3	458
新华艺术专科学校	上海	47 327	47 368	36	21	9	267
福建法政专门学校	福州	36 874	36 874	26	13	9	262
中山体育专科学校	苏州	27 720	27 720	23	16		139
苏州美术专科学校	苏州	21 952	28 147	47	23	12	64
无锡国学专修学校	无锡	19 060	17 488	12	10	4	150
武昌文华图书馆学专科学校	武昌	18 760	25 780	18	11	5	12

资料来源：中国第二历史档案馆编. 中华民国史档案资料汇编：第五辑第一编 教育【G】. 南京：江苏古籍出版社，1994. 268-271.

附录 11　全国高等教育教职员学生数统计表（1936 年）

学校性质别	校数	教职员			学生数
		教员	职员	互兼	
共计	42	4981	3463	658	29 416
国立大学	13	2431	1685	251	11 694
省立大学	9	823	571	118	4689
私立大学	20	1727	1207	289	13 033
共计	36	1634	1161	276	8680
国立学院	5	210	139	33	1143
省立学院	9	382	324	76	1484
私立学院	22	1042	698	167	6053
共计	30	945	197	187	3826
国立专科学校	8	231	245	63	1045
省立专科学校	11	319	276	54	1203
私立专科学校	11	395	276	80	1578

资料来源：中国第二历史档案馆编. 中华民国史档案资料汇编：第五辑　第一编　教育【G】. 南京：江苏古籍出版社，1994. 296.

附录 12　全国高等教育教育经费数（岁入）统计表（1936 年）

学校性质别	校数	岁入（元）					
		共计	国省库款	财产收入	捐助款	学生缴费	杂项收入
共计	42	27 378 334	17 965 597	332 318	3 316 096	2 322 243	3 085 000
国立大学	13	13 943 158	13 264 415	27 610	150 000	345 467	156 466
省立大学	9	4 408 542	3 620 542	580	50 000	79 561	657 874
私立大学	20	9 025 843	1 080 640	304 128	3 116 096	1 897 230	2 270 660
共计	36	8 530 144	2 678 290	256 838	3 196 438	851 210	1 387 557
国立学院	5	904 929	776 998	——	72 000	54 320	1611
省立学院	9	1 583 492	1 259 847	70	840	10 366	152 558
私立学院	22	6 041 723	641 445	256 768	3 123 598	786 524	1 233 388
共计	30	3 357 561	2 495 579	180 977	258 361	217 973	179 671
国立专科学校	8	1 615 846	1 514 481	3520	20 000	28 360	49 485
省立专科学校	11	444 498	822 164	——	51 570	16 840	53 924
私立专科学校	11	797 217	198 934	177 457	181 791	202 713	76 262

资料来源：中国第二历史档案馆编. 中华民国史档案资料汇编：第五辑第一编 教育【G】. 南京：江苏古籍出版社，1994. 298-299.

附录13　全国高等教育教育经费数（岁出）统计表

（1936年）

学校性质别	校数	岁出（元）					
		共计	俸给	办公费	设备费	特别费	附属
共计	42	27 082 365	14 507 307	4 593 335	4 810 190	1 222 443	1 949 090
国立大学	13	13 550 858	8 012 086	1 955 497	2 212 097	568 371	802 807
省立大学	9	4 383 501	2 408 401	546 867	1 119 769	120 847	187 617
私立大学	20	9 148 006	4 086 820	2 090 971	1 478 324	533 225	958 666
共计	36	8 677 365	5 000 731	1 208 029	1 846 131	368 096	254 338
国立学院	5	904 776	615 390	132 753	122 349	25 665	8619
省立学院	9	1 577 756	879 041	314 389	162 705	73 233	148 388
私立学院	22	6 194 833	3 506 340	760 887	1 561 077	269 198	97 331
共计	30	3 515 656	1 500 466	692 466	908 019	148 928	182 398
国立专科学校	8	1 604 342	689 841	333 277	426 524	86 300	68 400
省立专科学校	11	935 027	520 880	150 311	154 361	14 921	99 555
私立专科学校	11	976 287	377 745	208 878	327 214	47 707	14 743

资料来源：中国第二历史档案馆编．中华民国史档案资料汇编：第五辑第一编　教育【G】．南京：江苏古籍出版社，1994．299．

附录 14　抗战以来公私立专科以上学校财产损失统计表（1939 年 4 月）

校别	死伤人数	财产损失数（单位：元）	备注
总计	50	22 662 712	
各私立大学	36	15 384 834	
金陵大学	7	2 316 310	校舍价值数
复旦大学	——	544 975	校舍价值数及呈报损失价值数
光华大学	——	800 000	呈报数
大夏大学	7	550 000	呈报数
东吴大学	——	1 510 000	校舍价值数及呈报损失价值数
沪江大学	2	599 368	校舍价值数
燕京大学	20	……	不详
辅仁大学	……	……	不详
中法大学	……	……	不详
南开大学		3 000 000	呈报数
齐鲁大学		957 350	校舍价值数
武昌华中大学		292 397	校舍价值数
武昌中华大学		431 910	校舍价值数
岭南大学		3 800 000	校舍价值数
广东国民大学		383 080	校舍价值数
广州大学		192 444	校舍价值数
各私立独立学院	14	6 306 225	
金陵女子文理学院	2	1 311 736	校舍价值数及呈报损失价值数
上海法学院	——	510 000	呈报数
持志学院	——	516 100	呈报数
朝阳学院	——	247 750	校舍价值数
中国学院	——	433 800	校舍价值数
中国公学	……	……	不详
正风文学院	——	100 000	呈报数
协和医学院	……	……	不详

续表

校别	死伤人数	财产损失数（单位：元）	备注
民国学院	11	213 000	呈报数
天津工商学院	——	1 200 000	校舍价值数
南通学院	——	307 810	校舍价值数
之江文理学院	——	600 000	校舍价值数
广东光华医学院	——	169 926	校舍价值数
焦作工学院	——	184 452	校舍价值数
上海女子医学院		34 651	呈报数
同德医学院		160 000	呈报数
东南医学院	1	270 000	校舍价值数
上海法政学院	——	50 000	呈报数
各私立专科学校	——	971 653	
武昌艺术专科学校	——	165 700	校舍价值数
新亚体育专科学校	——	92 000	呈报数
苏州美术专科学校	——	123 000	校舍价值数
上海美术专科学校	——	180 920	校舍价值数及呈报损失价值数
新华艺术专科学校	——	110 000	呈报数
无私国学专修学院	——	26 000	呈报数
武昌文华图书馆专科学校	——	140 391	校舍价值数
山西川至医学专科学校	——	192 150	校舍价值数
铁路专科学校	——	390 028	校舍价值数

附注：呈报数系各校呈报数字，其余均系就校舍价值估计。

资料来源：中国第二历史档案馆编．中华民国史档案资料汇编：第五辑第二编　教育【G】．南京：江苏古籍出版社，1994．375-377．

附录 15　私立专科以上学校建筑物损失统计表
（1945 年 5 月）

学校机关别	共计			平房		楼房		其他建筑
	座	间	处	座	间	座	间	处
私立大学	383	8715	1	339	569	44		1
私立学院	25	3086	——	16	1140	9	1946	——
私立专科	146	133	18	69	133	77	——	18

资料来源：中国第二历史档案馆编. 中华民国史档案资料汇编：第五辑第二编 教育【G】. 南京：江苏古籍出版社，1994. 383-384.

附录 16　私立专科以上学校图书损失统计表

（1945 年 5 月）

学校机关别	共计					中文书					外文书		
	部	套	项	册	秩	部	套	项	册	秩	部	箱	册
私立大学				238 121					150 382				87 739
私立学院		11		627 568			11		565 164				62 404
私立专科	140	3169		110 308		140	3169		109 365				943

资料来源：中国第二历史档案馆编. 中华民国史档案资料汇编：第五辑第二编 教育【G】. 南京：江苏古籍出版社，1994. 385-386.

附录 17　私立专科以上学校仪器损失统计表

（1945 年 5 月）

学校机关别	共计						物理仪器					化学仪器				测量仪器			医学仪器	
	架	箱	套	部	座	件	架	箱	套	部	件	架	箱	套	件	架	套	件	箱	件
私立大学	20	184	1140	8	37	123395	20	57	1140	8	123395	—	—	—	—	—	—	—	—	—
私立独立学院	35	126	—	—	148	27144	35	—	—	—	—	—	—	—	26303	—	—	23	—	—
私立专科学校	3	—	22	—	—	1605	3	—	11	—	414	—	—	—	—	—	—	—	—	—

资料来源：中国第二历史档案馆编. 中华民国史档案资料汇编：第五辑第二编　教育【G】. 南京：江苏古籍出版社，1994. 388-389.

附录 18　私立专科以上学校仪器标本损失统计表（1945 年 5 月）

学校机关别	标本模型				工程仪器			天文仪器		蚕丝仪器	数学仪器		农学仪器	教育仪器	美术仪器	语言仪器
	箱	套	座	件	套	座	件	套	件	件	箱	件	件	箱	件	箱
私立大学	—	—	—	—	—	37	—	—	—	—	1	—	—	126	—	—
私立独立学院	—	—	—	818	—	148	—	—	—	—	—	—	—	126	—	—
私立专科学校	—	11	—	—	386	—	—	—	690	—	—	—	—	—	115	—

资料来源：中国第二历史档案馆编. 中华民国史档案资料汇编：第五辑第二编　教育【G】. 南京：江苏古籍出版社，1994. 391-392.

附录 19　公私立专科以上学校器具损失统计表（1945 年 5 月）

学校机关别	共计			木器	家具	体育用品	交通用具	乐器		机械		水电设备	其他用具
	件	辆	架	件	件	件	辆	架	件	架	件	件	件
私立大学	825 651	28	251	460 942	209 501	261	28	20	109	231	57 500	34 072	110 298
私立独立学院	64 107	—	33	47 148	5950	3972	—	10	1150	23	—	1265	4622
私立专科学校	44 637	—	50	30 281	6716	874	—	13	75	37	—	2588	4103

资料来源：中国第二历史档案馆编. 中华民国史档案资料汇编：第五辑第二编 教育【G】. 南京：江苏古籍出版社，1994. 393-394.

附录 20　私立专科以上学校医药用品损失统计表

（1945 年 5 月）

学校机关别	共计						药品			化学药品			医具		
	磅	瓶	箱	盒	支	件	磅	瓶	箱	磅	瓶	箱	盒	支	件
私立大学	756	110	—	51	443	—	304	45	26	452	65	—	51	443	—
私立独立学院	—	1725	—	—	2817	—	—	690	—	—	1035	—	—	2817	—
私立专科学校	—	—	—	—	35	—	—	—	—	—	—	—	—	35	—

资料来源：中国第二历史档案馆编. 中华民国史档案资料汇编：第五辑第二编　教育【G】. 南京：江苏古籍出版社，1994. 396-397.

附录21　私立专科以上学校其他损失统计表（1945年5月）

学校机关别	共计（单位名称完全不同不列共计）	衣著类			粮食			牲畜		树木		其他			
		套	件	箱	石	袋	担	头	群	株	亩	个	斤	头	合
私立大学		—	31 510	—	—	—	1208	1635	—	10 103	1955	3036	—	—	—
私立独立学院		—						4078			230				
私立专科学校		1150	199									1150			

资料来源：中国第二历史档案馆编. 中华民国史档案资料汇编：第五辑第二编 教育【G】. 南京：江苏古籍出版社，1994. 398-399.

附录22　国民政府补助私立高校经费分配表

（1934、1935年）

年份 学校	1934年	1935年
厦门大学	90 000	98 861
南开大学	40 000	43 015
大夏大学	35 000	16 280
大同大学	35 000	37 193
光华大学	20 000	13 725
复旦大学	15 000	16 280
广东国民大学	14 000	15 233
广州大学	6000	6274
武昌中华大学	6000	6663
焦作工学院	35 000	36 600
南通学院	35 000	42 638
广州光华医学院	8000	8366
朝阳学院	8000	8366
晋川医学专科学校	15 000	16 873
中法药学专科学校	10 000	10 457
苏州美术专科学校	6000	6274
东亚体育专科学校	5000	5228

资料来源：宋秋蓉. 近代中国私立大学研究【M】. 天津：天津人民出版社，2003．133.

附录23   1953年院系调整后全国高等学校校数统计表

（截至1953年底）

学校类别 \ 地区 校数	总计	华北	东北	华东	中南	西南	西北	内蒙
合计	182	40	25	50	33	19	13	2
综合	14	3	1	4	2	2	2	
工业	38	11	5	13	5	3	1	
师范	31	6	4	8	6	4	2	1
农林	29	5	4	8	6	2	3	1
医药	29	4	4	9	9	2	1	
财经	6	1	2	1	1	1		
政法	4	1		1	1	1		
语文	8	2	2	1		1	2	
艺术	15	4	2	4		2	1	
体育	4	1		1	1	1		
民族	3	1					1	
其他	1	1						

资料来源：秋雁，杨新. 解放初院系调整大事记（1949—1953）【J】. 辽宁高等教育研究，1982，1：119-214.

参 考 文 献

[1] 〔德〕黑格尔. 法哲学原理[M]. 北京：商务印书馆，1996.

[2] 中共中央编译局. 马克思恩格斯全集[M]. 北京：人民出版社，1972.

[3] 马长山. 国家、市民社会与法治[M]. 北京：商务印书馆，2001.

[4] 吴承明. 帝国主义在旧中国的投资[M]. 北京：人民出版社，1955.

[5] 〔美〕阿瑟·恩·杨格. 中国财政经济状况（1927—1937）[M]. 北京：中国社会科学出版社，1981.

[6] 中华职业教育社. 黄炎培教育文集（第二卷）[M]. 北京：中国文史出版社，1994.

[7] 忻福良. 上海高等学校的沿革[M]. 上海：同济大学出版社，1994.

[8] 宗有恒，夏林根. 马相伯与复旦大学[M]. 太原：山西教育出版社，1996.

[9] 郑登云. 中国高等教育史[M]. 上海：华东师范大学出版社，1994.

[10] 霍益萍. 近代中国的高等教育[M]. 上海：华东师范大学出版社，1999.

[11] 吴洪成，张华. 血与火的民族战争——日本侵华时期沦陷区奴化教育史纲[M]. 上海：内蒙古大学出版社，2007.

[12] 陈天华. 陈天华集[M]. 长沙：湖南人民出版社，1958.

[13] 宋秋蓉. 近代中国私立大学研究[M]. 天津：天津人民出版社，2003.

[14] [日] 大冢丰. 现代中国高等教育的形成[M]. 北京：北京师范大学出版社，1998.

[15] 陈远. 燕京大学（1919—1952）[M]. 杭州：浙江人民出版社，2013.

[16] 王炳照. 中国古代私学与近代私立学校研究[M]. 济南：山东教育出版社，1997.

[17] 余子侠，冉春. 中国近代西部教育开发史——以抗日战争时期为重心

[M]．北京：人民教育出版社，2005.

[18] 金以林．近代中国大学研究（1895—1949）[M]．北京：中央文献出版社，2000.

[19] 张玮瑛．燕京大学史稿[M]．北京：人民中国出版社，2000.

[20] 私立武昌中华大学校史编写组．中华大学[M]．武汉：华中师范大学出版社，2003.

[21] 南开大学校史编写组．南开大学校史（1919—1949）[M]．天津：南开大学出版社，1989.

[22] 周川．百年之功——中国近代大学校长的教育家情怀[M]．福州：福建教育出版社，1994.

[23] 梁吉生．允公允能 日新月异[M]．济南：山东教育出版社，2003.

[24] 马敏．百年校史（1903 年—2003 年）[M]．武汉：华中师范大学出版社，2003.

[25] 李艳莉．崇高与平凡——民国时期大学教师日常生活研究[M]．福州：福建教育出版社，2017.

[26] 许有成，柳浪．复旦经纬——百年掌故及其他[M]．上海：上海人民出版社，2005.

[27] 慧世如．抗战时期内迁西南的高等院校[M]．贵州：贵州民族出版社，1988.

[28] 纪念《教育史研究》创刊二十周年论文集（8）——中国民办教育史研究[C]，2009.

[29] 尚国乾．中国近代私立大学的发展擅变及办学特征研究[D]．长春：东北师范大学，2006（12）.

[30] 胡门祥．论张申府的战时教育思想[J]．教育评论，2007，5：115-118.

[31] 陈钊.国民政府战时教育方针在大学中的反响[J].南京理工大学学报（社会科学版），2007，（6）：66-71.

[32] 秋雁，杨新．解放初院系调整大事记（1949—1953）[J]．辽宁高等教育

研究，1982，1：119-214．

[33] 王恩田，杨月民，杜志良，赵关忠．民办高校党组织发挥政治核心作用的实践与思考[J]．思想理论教育，2007，（Z1）：114-118．

[34] 云南省档案馆．私立五华文理学院档案资料汇编[C]．昆明：云南大学出版社，2009．

[35] 汤涛．张寿镛校长与光华大学[C]．上海：上海人民出版社，2016．

[36] 王文俊．南开大学校史资料选[C]．天津：南开大学出版社，1989．

[37] 娄岙菲．大夏大学编年事辑[C]．上海：华东师范大学出版社，2014．

[38] 刘桂秋．无锡国专编年事辑[C]．北京：中国大百科全书出版社，2011．

[39] 张耕华．光华大学编年事辑[C]．上海：华东师范大学出版社，2015．

[40] 汤涛．王伯群与大夏大学[C]．上海：上海人民出版社，2015．

[41] 王学珍，张万仓．北京高等教育文献资料选编[Z]．北京：首都师范大学出版社，2004．

[42] 陈裕光．金陵大学史料集[Z]．南京：南京大学出版社，1989．

[43] 中国人民政治协商会议黔西南州委员会文史资料研究委员会．黔西南州文史资料选辑（第五辑）[C]．黔西南州：政协黔西南州委，1985．

[44] 中国人民政治协商会议上海市委员会文史资料工作委员会．上海文史资料选辑（第五十九辑）[C]．上海：上海人民出版社，1988．

[45] 朱有瓛．中国近代学制史料[C]．上海：华东师范大学出版社，1992．

[46] 中国第二历史档案馆编．中华民国史档案资料汇编[G]．南京：江苏古籍出版社，1994．

[47] 复旦大学校史编写组．复旦大学志（第一卷）[C]．上海：复旦大学出版社，1985．

[48] 宋恩荣，章咸．中华民国教育法规选编[C]．南京：江苏教育出版社，2005．

[49] 璩鑫主，唐良炎．中国近代教育史资料汇编：学制演变[G]．上海：上海教育出版社，2007．

[50] 《复旦大学百年纪事》编纂委员会．复旦大学百年纪事（1905—2005）

[C]. 上海：复旦大学出版社，2005.

[51] 中央教育科学研究所. 中华人民共和国教育大事记（1949—1982）[C]. 北京：教育科学出版衬，1983.

[52] 杜元载. 革命文献：第六十辑抗战时期之高等教育[Z]. 台北：中央文物供应社，1972.

[53] 不忘

[54] 申报

[55] 科学

[56] 群言

[57] 新民族

[58] 时与文

[59] 教与学

[60] 大夏周报

[61] 东方杂志

[62] 政府公报

[63] 教育通讯

[64] 燕大通讯

[65] 厦大周刊

[66] 北洋画报

[67] 乔学月刊

[68] 纺织周刊

[69] 清华周刊

[70] 云南教育

[71] 农事月刊

[72] 道路月刊

[73] 革命周报

[74] 现代评论

[75] 生活周刊

[76] 中央周刊

[77] 教育杂志

[78] 服务月刊

[79] 焦作工学生

[80] 科学与教育科学

[81] 大学院公报

[82] 中华教育界

[83] 复旦大学校刊

[84] 染纺织周刊

[85] 光华大学半月刊

[86] 中华教育界

[87] 教育与职业

[88] 社会半月刊

[89] 中法大学月刊

[90] 铁路协会月刊

[91] 河南政治月报

[92] 天津大公报·新闻周报

[93] 湖北省政府公报

[94] 江西教育行政旬刊

[95] 农村复兴委员会会报

[96] 全国学术工作咨询处月刊

[97] 管理中英庚款董事会半年刊

[98] 大夏周报二十四周年校庆特刊

[99] 光华大学十周年纪念册[C]. 上海：光华大学编印，1935.

后　记

自从在 2008 年 5 月份写过硕士论文的"后记"外，再也没有写过"后记"了。曾无数次，我遐想写一篇博士论文的"后记"，但由于种种原因，一直没有机会。这虽是一种选择，却也是一种遗憾。也许出于一种情结，我除了喜欢读学术论文外，特别喜欢听大学校长们的毕业致辞，还喜欢看别人写的博士论文的"后记"。

回到历史很简单，它是我们思考的原点，也是我们理解一个人言行的逻辑起点。说得散文化一点，我出生在马颊河畔的一个小村庄，潺潺的河水见证了我的童年。拔草喂牛、游泳抓鱼是我生活的大部分内容，我基本没有学习的概念。父母放养，教师管得不严，我过得很轻松，玩得很惬意。二年级期末考试时，我还不会写自己的名字，数学得了 1 分，语文得了 0 分。学习成绩什么时候上道儿的我也忘了。那时候，我还不能理解村里一个大孩子对我说的话：如果不是因为"文革"，你现在也是非农业户口了。

中考后的假期，我在镇上的老五饭店（在供销社内）打工。当时，一名职工的晚饭场景令我至今难忘。妻子做好晚饭后，和女儿等待干活的丈夫归来。丈夫回来洗涮完后，一家人围坐在小饭桌前吃饭、交流，其乐融融。我想，这就是生活。不需要大富大贵，有吃有喝，一家人和和乐乐就好。高中的学习生活是很苦、很累的。学不下去，学不会了，我到家里干几天农活就好了！现实告诉我，只有学习才能改变命运。"逃离农村"是我学习的唯一动力！当然，这样说，并非主流价值观。但是，那却是我当时真实的想法和感受。

我原本设想考个专科就可以了，没想到成绩超了本科线 15 分，就这样我稀里糊涂地到了聊城大学。整个的大学四年算是颓废的、迷茫的、堕落的四年。在那个英语四级不过就拿不到学位证的年代，我是悲催的——我一个连英语音标都不会的人，一个只记单词字母顺序的人，一个英语听力只靠蒙的人。或许是上苍的怜悯，最后我以 60.5 分的成绩艰难通过。如果说，大学生活还有点儿"亮点"的话，那就是我认识了现在的爱人。如果再找点儿所谓"亮点"的话，那就是我喜欢泡图书馆，喜欢翻阅学术期刊。虽不会写，但我心向往之。

毕业后，我去了庆云一中。从早操到晚自习，我要全盘盯着，生活很忙碌、很充实。为了和爱人团聚，我只能考研。教学楼一楼西边的那个不透气的小办公室成了我的福地，有空我就在那看书。英语，我翻了两遍词汇，背了一个万能作文模板；政治，做了三套题；专业课，没看完。当时，我实在没有时间看书。结果，天遂人愿。英语57分，总分414分。就这样，我到了河北师范大学。在这儿，我过得也倒是顺风顺水，发了几篇论文，拿了几个奖。毕业时，我原本有选择，继续读博士，或者去其他城市，但我不能有其他选择。当然，我也不想有其他选择，不忘初心嘛。爱情这玩意儿，需要信仰！2008年，"八年抗战"终于胜利，我成家落户，再无牵挂。

我在读研究生期间看了电视剧《士兵突击》，许三多给了我精神激励。最典型的解读就是"不抛弃、不放弃"，对待爱情如是，对待科研也是如此。学校的学术底蕴不够，氛围不浓，是客观的事实，但这不能成为不搞学术的借口。教研相长，没有科研支撑的教学是苍白无力的，没有学术滋养的教学害人害己害校。讲句最没有水准的话，等你年龄渐长、教学空乏、科研无力的时候，也就是被淘汰的时候。注重教学，并非不要科研。从一个极端走向另一个极端，这不是科学。

当然，这种认识并非因为自己科研搞得好。说句实话，本人也羞于谈"科研"二字，不知学术为何物，至今仍在睡梦中。这么多年"拼凑"的这本专著，姑且称为专著吧，离当时设想的差得很远。对民国私立大学的招生、就业、校园文化、学术机构等内容，还需要慢慢书写；理论上的欠缺、文章的格局、行文的规范、运词的拙劣等，问题多多。每念及此，我总是忐忑不安，惭愧至极，为文中的不足和偏颇而惆怅……

说句劝慰自己或者掩盖本真的话，那就是权为纪念过往，如此而已。

按照写后记的"惯例"或说网络术语"套路"，行文至此，我总是要感谢一番的。当然，绝非客套，而是发自肺腑的那种。不敢奢谈人生，但对父母、妻子、儿女、同事的宽容、善良和支持，我定会铭记于心。特别是我的爱人在做好本职工作的同时，承担了大量的家务和抚育儿女的重任，无怨无悔。虽然我挣钱不多，但身兼多职，忙于琐事，加班加点是常态。虽说这样我多了些历练，但占用了大量时间。家校不能两全，顾校自然不能顾家，此事古难全。其实，我一直愧疚于此。

自视清高，活在自己的理想当中，坚持认定的原则，但原则有余，灵活不足，有形无形中得罪了一些人。但我从无害人之心，顶多算是彼此观点不同罢了。其实，生活中不能改变的东西太多，即便是大家都认为需要改变的地方，改变起来也是困难重重。正如鲁迅先生曾说："可惜中国太难改变了，即使搬动一张桌子，改装一个火炉，几乎也要血；而且即使有了血，也未必一定能搬动，能改装。"诚哉斯言。也许，当一个简单的任课老师，是最适合我的。

感谢出版社的领导和编辑们，正是他们的辛勤付出，保证了本书的按时出版。最后，感谢这个伟大的时代！

刘福森

2021 年 3 月